QUELQUES CONSEILS

AUX RELIGIEUSES

SUR LA POLITESSE

TROISIÈME ÉDITION

PARIS
ANCIENNE LIBRAIRIE POUSSIELGUE
J. DE GIGORD, ÉDITEUR
RUE CASSETTE, 15

QUELQUES CONSEILS

AUX RELIGIEUSES

SUR LA POLITESSE

QUELQUES CONSEILS
AUX RELIGIEUSES
SUR LA POLITESSE

PAR

L'AUTEUR
du Manuel de la Garde-Malade à domicile

La Politesse est la sœur
de la Charité.
S. François d'Assise

Troisième édition

PARIS
ANCIENNE LIBRAIRIE POUSSIELGUE
J. DE GIGORD, ÉDITEUR
RUE CASSETTE, 15

1912

IMPRIMATUR

† CLAUDE

Évêque de Séez

PREFACE

« Je n'ai jamais rencontré un religieux, une religieuse d'un mauvais ton, » *a dit M. de Custines* [1].

Loin de contredire ce témoignage flatteur, j'y souscris volontiers. Toutefois, il faut bien l'avouer, des exceptions se rencontrent.

Certaines religieuses, sous le prétexte qu'elles ont dit adieu au monde, dédaignent les règles de la politesse. Dans leur pensée, ces règles ne sont plus pour elles.

D'autres, au contraire, convaincues que la religion doit inspirer plus de

1. *L'Espagne sous Ferdinand VII.*

charité, plus d'égards pour le prochain, deviennent obséquieuses et fades.

Aux premières nous dirons : « Vous êtes dans le vrai si vous entendez, par politesse, l'expression de sentiments qui ne sont pas dans l'âme. Mais vous auriez tort de condamner celle que saint François d'Assise appelle la sœur de la Charité. »

Nous nous permettrons cette remarque aux secondes : « L'affectation est un défaut qui ridiculise ce qu'il y a de meilleur. La simplicité et l'aisance sont toujours les compagnes de la vraie politesse. »

Plusieurs enfin ont oublié ou peuvent ignorer certaines règles, certains usages qu'il n'est pas permis de ne pas connaître et de ne pas suivre.

A toutes ces religieuses nous dédions cet ouvrage.

Puisse-t-il rehausser leurs grandes qualités, en y ajoutant ce je ne sais quoi qui rend la vertu si aimable dans une personne polie !

Puisse-t-il les rendre de plus dignes enfants de l'Église si justement appelée une grande école de respect!

Ces conseils sont plus spécialement destinés aux sœurs gardes-malades. Cependant ils pourront être utiles aux autres religieuses, tout particulièrement à celles qui penseraient en avoir moins besoin.

LA POLITESSE

Qu'elles sont étranges ces définitions de la politesse par certains auteurs! Quelle pénible idée elles en donnent!.. J'ose le dire, quel dégoût elles en inspireraient à une âme honnête, ennemie de toute fausseté!

D'après Beauchêne, *la politesse est une dorure, qui cache souvent ce qui est faux, en lui donnant de l'éclat.*

Au dire de Vinet, c'est *une contrefaçon de la bonté.*

Picard nous dit à son tour :

La fausseté préside aux conversations,
Dirige les discours, règle les actions,
Et cette fausseté se nomme politesse.

Voltaire est plus vrai dans ces vers :

« La politesse est à l'esprit
« Ce que la grâce est au visage ;
« De la bonté du cœur elle est la douce image,
« Et c'est la bonté qu'on chérit.

Aux yeux de la religieuse, la politesse est quelque chose de plus. Elle doit avoir pour principe et pour fin la charité. De la sorte, la religion, qui relève et surnaturalise tout ce qui porte son empreinte, lui donne une place de choix et transforme en mérites les actes qu'elle suggère.

Ainsi entendue, la politesse peut se définir : « *L'expression du respect et de la charité que l'on se doit à soi-même et que l'on doit aux autres.* »

Elle comprend dès lors ce qui regarde notre personne elle-même et ce qui concerne nos rapports avec nos semblables : elle pénètre et notre vie privée et notre vie sociale. C'est la pensée de Joubert : « La politesse est à la bonté ce que les paroles sont à la pensée. Elle n'agit pas seulement sur les manières, mais sur l'esprit et sur le cœur; elle rend modérés et doux tous les sentiments, toutes les opinions et toutes les paroles. »

La politesse renferme tout un ensemble de règles, de pratiques et d'usages. Nous ne pourrons donner ici que les principaux et, afin de mettre de l'ordre dans ce travail, nous le partagerons en quatre parties dont le titre indiquera le contenu : 1° la religieuse dans sa communauté; 2° ses relations en dehors de la communauté; 3° le langage et 4° la correspondance épistolaire.

PREMIÈRE PARTIE

LA RELIGIEUSE DANS SA COMMUNAUTÉ

La politesse la doit accompagner et dans sa *vie privée* et dans la *vie commune*.

CHAPITRE PREMIER

VIE PRIVÉE

Le maintien, les soins du corps, le vêtement se partagent naturellement le chapitre.

I. — Le maintien.

Le maintien est l'ensemble des manières, des diverses attitudes du corps, la façon de composer ses traits.

Voyez ce qu'en pense la Sainte Écriture : « *Une personne se connaît à son aspect ; sa prudence se discerne lorsqu'on l'approche. Le vêtement, le sourire, la démarche font voir ce qu'elle est* [1]. »

De là ce trait de La Bruyère : « *Un sot*

1. *Eccli.* XIX, 26-27.

n'entre, ni ne sort, ni ne s'assied, ni ne se lève, ni ne se tait, ni n'est sur les jambes comme un homme d'esprit. »

De quelle importance est donc le maintien? Ce qui précède le démontre.

Affecté, il dénote l'orgueil; raide, la prétention ; embarrassé, une excessive timidité; nonchalant, la paresse et la langueur; léger, trop libre, il enlève l'estime due à l'habit religieux.

Avant tout, il faut tendre au naturel. La peur de mal faire rend toujours gauche et maladroit. Éviter l'affectation et le trop grand laisser-aller est la règle qui s'impose. Que la religieuse se montre en tout modérée, douce, prudente, réservée et plutôt timide que hardie et arrogante. Puisse-t-on dire d'elle ce que l'historien de saint François de Sales raconte de son héros : « *Il était d'un maintien si modeste, qu'à le voir on pensait aussitôt à la beauté d'un ange.* »

Si cette pensée : *Dieu me voit!* lui devient habituelle, elle réalisera cet idéal.

Règles pour se tenir assise. — Ne pas se laisser tomber lourdement sur le fauteuil ou la chaise; prendre tout de suite une position commode et modeste; ne pas remuer sans cesse sur son siège, sans toutefois demeurer complètement immobile comme une statue; ne pas se renverser nonchalamment en arrière, ni se pencher trop en avant, mais se tenir à peu près droite, sans raideur et sans paraître gênée; ne pas s'accouder sur son fauteuil, moins encore sur celui de son voisin; ne pas mettre les pieds sur les traverses des chaises ou sur les chenets; ne pas les frotter sur le parquet; ne pas se lever quand les autres sont assis, si ce n'est pour prendre congé; ne pas rester assise quand les autres demeurent levés, sont des principes qu'il suffit de rappeler : chacune les connaît.

Règles pour se tenir debout. — Ce qui suit sera suffisant ici : ne pas changer trop souvent de place; avoir la tête et le corps à peu près droits, sans affectation ; éviter de se tenir comme affaissée sur soi-même ; ne pas s'appuyer tantôt sur un pied, tantôt sur l'autre ; ne pas s'adosser contre les meubles ou les murs, ni se croiser les pieds l'un sur l'autre, ni se mettre les bras derrière le dos.

La démarche. — Pour être convenable, elle ne doit être ni trop lente, ni trop précipitée : lente, elle donnerait un air de nonchalance ; trop précipitée, elle dénoterait peu de sérieux, ou un caractère emporté, irascible. Est-il nécessaire d'ajouter que rechercher l'élégance et la prétendue distinction dans sa démarche serait de nature à jeter le ridicule sur la religieuse. D'autre part, marcher lourdement, frapper fortement la terre du pied, balancer les bras, se dandiner, serait répréhensible.

Le rire bruyant est sévèrement traité par la Sainte Écriture : « *L'insensé,* *quand il rit, élève la voix, mais l'homme sage sourit à peine*[1]. » De là le proverbe : « On *voit* rire les sages, on *entend* rire les sots. »

Bâiller est regardé comme l'expression de l'ennui, ce qui n'est pas toujours exact. Il faut éviter de bâiller en compagnie. Il est permis de s'y ennuyer il est interdit de le laisser voir. Si toutefois le besoin de bâiller est trop impérieux, il est requis de mettre la main devant la bouche. Il serait malséant d'imiter cette personne qui, à l'église ou ailleurs, paraissait tenir à ce que toute l'assemblée sût quand elle faisait cet acte, par le bruit dont elle l'accompagnait.

Pour **tousser** ou **éternuer**, il convient de placer son mouchoir devant la bouche, d'éviter ces efforts pénibles, si désagréables aux voisins, et de diminuer le

1. *Eccles*, XXI, 23.

plus possible le bruit inhérent à cette action. Laissez-moi vous citer ces vers, lus dans le Manuel du *Savoir-vivre* :

Gare, sauve qui peut ! Monsieur Pouf va tousser.
Sa gorge est obstruée, il faut qu'il la débouche.
Pour commencer, il ouvre une effroyable bouche,
Lève les yeux au ciel et se met à pousser
Des hurlements affreux. Puis il lance un nuage
Blanchâtre et odorant, formé de fins crachats,
Dont il arrose tout : vos mains, votre visage,
Vos habits, votre assiette, votre nappe et vos plats.

L'éructation, ou émission bruyante, par la bouche, de gaz accumulés dans l'estomac, n'a rien d'agréable pour les auditeurs. L'empêcher, autant que faire se peut, est un devoir de bonne société.

Vous éviterez de **cracher** sans un réel besoin. Ne crachez ni dans le feu, ni par la fenêtre, ni sur le plancher, mais bien dans votre mouchoir.

Si vous voulez vous **moucher** convenablement, ouvrez votre mouchoir sans ostentation; ne vous permettez point d'en inspecter le contenu; fermez-le, après l'opération, sans vouloir vous rendre compte si la moisson a été abondante, ce qui inspirerait le dégoût chez les personnes présentes et rappellerait ces vers malins :

Quand Malotru se mouche, il s'empresse de voir
Le fruit de son cerveau soufflé dans son mouchoir.

Vous repliez ensuite le mouchoir, de manière à pouvoir le rouvrir sans inconvénient pour vous, et sans blesser les yeux des personnes avec qui vous êtes. Il est superflu de dire que vous devez toujours vous servir du même côté. Pour cela vous vous réglez habituellement sur l'ourlet, ourlet que vous tâtez avec l'ongle du pouce pour ne pas vous tromper, surtout dans l'obscurité. La place du mouchoir, lorsqu'il ne sert pas, est la poche : le tenir toujours à la main, le déposer sur sa table ou sur tout autre meuble, serait manquer aux bienséances. Choisissez, pour vous moucher, un moment convenable où vous ne gênerez ni ceux qui parlent, ni ceux qui écoutent: vous éviterez de rendre cette action bruyante, vous souvenant que, pour le nez aussi, le silence est d'or.

Renifler est absolument interdit par la politesse.

Le hoquet est indépendant de la volonté. Tant qu'il dure, il est convenable de tenir son mouchoir devant la bouche.

La tête doit être droite, sans raideur, ni penchée sur l'épaule, ni inclinée en avant, ni renversée en arrière. Vous éviterez de l'agiter sans cesse, comme si vous ne pouviez la tenir en place. Ce pourrait être considéré comme un signe de légèreté; vous feriez penser à ces instruments destinés, sur le haut des maisons, à indiquer de quel côté souffle le vent, et vous contribueriez à justifier ce mot malin : « *Il y a plus de girouettes sous les toits que dessus.* »

Aux demandes qui vous sont adressées, ne répondez jamais par un signe de tête. La politesse le défend.

Il est interdit de se gratter la tête avec les ongles, les longues aiguilles, ou autres objets, de se la frapper avec le bout du doigt, etc.

Le visage est le miroir de l'âme : les impressions de celle-ci se manifestent sur celui-là. « *La sagesse de l'homme,* dit l'Écriture, *brille sur son visage*[1]. » Certaines personnes pieuses affectent de donner à leur figure ce je ne sais quoi, qui a prêté au ridicule et a exercé la verve des caricaturistes. Qu'il n'y ait dans les traits ni affectation ni contrainte. Que votre figure exprime la douceur, la bonté, le calme, la modestie! Voir saint Ro-

1. *Eccles.* VIII, 1.

muald, d'après son historien, rendait plus saint, tant il y avait d'expression de paix et de bonheur sur son visage. Il suffisait de le regarder pour sentir son âme joyeuse, tant il paraissait lui-même heureux.

Cependant l'Esprit-Saint nous avertit : « *Qu'il y a un temps pour rire, un temps pour être sérieux*[1]. » Rire à tout propos et d'une certaine façon n'est pas, nous l'avons dit, le fait d'une personne sensée : être toujours triste et sombre est pénible pour les autres. Saint Paul veut que « *nous sachions nous faire tout à tous* ». Partageons la joie des personnes qui se réjouissent d'un heureux événement, d'un succès obtenu. Si nous ne le pouvons, évitons de nous rencontrer avec elles. Il faut excepter le cas où cette joie aurait pour cause un acte mauvais. Alors s'applique la parole de l'Ecclésiaste : « *La tristesse de votre visage corrigera celui*

1. *Eccles.* III, 4.

qui commet une faute[1]. » Avec des personnes plongées dans la peine, la joie siérait mal. Il est de votre devoir de respecter la douleur et d'y compatir.

Les yeux. -- Tenir toujours les yeux attachés sur la terre est l'indice d'une trop grande timidité; les fixer sur les personnes avec qui on se trouve est peu modeste.

Vous éviterez de mériter les critiques suivantes :

Soyez toujours en garde
Contre qui vous regarde
De coin ou de travers.
La prunelle à l'envers
Et les yeux en coulisse
De certains faux dévots
Font craindre l'artifice,
La ruse et les défauts.

La bouche toujours ouverte ne donne pas un air intelligent : les lèvres toujours

1. *Eccles.* VIII, 1.

serrées indiquent le mécontentement. La langue ne doit pas effleurer trop souvent les lèvres.

Les bras. — Il ne convient pas de les balancer sans cesse, de les agiter violemment sans raison, de les tenir ballants, indice de peu d'énergie. Hélas! direz-vous :

Quel embarras
Que nos deux bras!

Moins nous y pensons, mieux ils se comportent.

Les mains ne doivent pas se porter au visage ou ailleurs sans nécessité, se croiser au-dessus de la tête, demeurer dans les poches, s'appuyer sur les hanches, se frotter l'une contre l'autre, en signe de satisfaction ou pour se réchauffer. Chaque communauté, d'ailleurs, a ses règles sur la manière dont les religieuses doivent se placer les mains : nous n'y insisterons pas ici.

Dans la conversation, il n'est pas interdit de faire quelques gestes, afin de donner plus d'expression à ce que l'on dit. Ils doivent être très sobres et venir tout naturellement. Les gestes amples, grandioses sentiraient la prétention.

II. — Les soins du corps.

La propreté est une vertu. « La propreté est au corps ce que l'amabilité est à l'âme, » a dit La Rochefoucaud. La recherche et la coquetterie seraient fort déplacées chez une religieuse : la malpropreté, trop souvent leur compagne, ne le serait pas moins. Ne semble-t-il pas superflu d'indiquer ce que la politesse et l'hygiène exigent? Quand vous étiez enfants, n'avez-vous pas appris que ce petit instrument, dont la réputation est si vilaine qu'il ne se nomme pas ici, devait se salir chaque jour en démêlant vos cheveux et, malgré sa mauvaise renommée, être toujours soigneusement nettoyé ? que la tête réclamait une exquise propreté ? que la figure et le cou aimaient l'eau fraîche du matin, les pieds un bain fréquent, les mains le savon, les oreilles le cure-oreille, les dents la brosse, etc., etc. ? Ne l'avez-vous jamais oublié ? On vous a dit que les ongles ne comportent ni le *deuil* ni le *demi-deuil*, et réclament d'être nettoyés chaque jour, taillés très souvent et jamais en public.

Le nez mérite le respect dû à la place insigne qu'il occupe dans votre visage. Le mouchoir a pour mission de recevoir les humeurs que le rhume ou d'autres causes en feraient découler. Ne permettez jamais aux doigts d'être avec lui trop familiers et de s'introduire dans ses appartements.

Il n'est pas permis non plus à ces doigts indiscrets de sonder les profondeurs de l'oreille.

Avez-vous l'inconvénient d'avoir des

dents creuses ? Je vous plains : c'est fort gênant. Le cure-dents pourra vous venir en aide et enlever ce qui s'y serait glissé, à la condition que vous opériez en particulier ou, si vous êtes en société, pendant le repas, par exemple, que vous approchiez votre serviette ou votre mouchoir de manière à épargner à vos voisines le spectacle peu agréable de l'intérieur de votre bouche, malgré votre assiduité à la laver chaque matin.

Le corps sera débarrassé, aussi souvent qu'il sera utile, de ce qui serait contraire à l'hygiène et pourrait engendrer des odeurs désagréables aux autres.

Dans tous ces soins, la religieuse évitera la recherche et se bornera exclusivement au nécessaire. Les savons du Congo ou autres de même nature, les parfums de toute sorte, elle le comprendra sans peine, ne sont pas pour elle.

Quelle folie serait-ce de tirer vanité d'un corps, qui bientôt deviendra la pâture des vers !

III. — Le vêtement.

L'habit religieux est un habit de pauvreté et de pénitence. Y rechercher le luxe et la vanité serait un contresens. Il exprime l'éloignement du monde et le don de la religieuse à Jésus-Christ. De là le respect qu'il inspire à toute personne vertueuse, la haine qu'il excite chez l'impie.

Nous pouvons tirer de ces principes les conséquences suivantes :

1° Le vêtement doit être strictement conforme aux prescriptions de la Règle. La religieuse n'y doit en rien déroger.

2° On aime chez le pauvre la propreté et la simplicité dans le vêtement. Il en est de même pour l'habit religieux.

> *Propreté* simple, aimable, enchanteresse,
> Oui, ton éclat vaut mieux que la richesse.

Que les taches n'apparaissent donc jamais sur vos vêtements, ou en soient aussitôt enlevées; que la boue n'y élise pas domicile. Ne pas se frotter contre les murs; ne pas s'asseoir sur des sièges, sans avoir vérifié *sommairement* qu'ils n'ont rien de nature à salir; ne pas se toucher avec des mains malpropres; marcher avec une certaine précaution dans les rues où les chemins boueux; enfin se servir assez fréquemment de la brosse et, au besoin, de benzine ou de neufaline est le moyen d'entretenir la propreté de ses vêtements.

3° La religieuse veillera à ajuster convenablement, mais sans recherche, les différentes parties de son vêtement, de façon que rien n'attire l'attention ou par des soins affectés, révélateurs d'une secrète vanité, ou par une négligence, indice de sans-gêne et de paresse.

Vous veillerez à ce que le bonnet et les bandeaux ne soient point de travers, les mouchoirs de cou mal détirés, la robe mal agencée, les bas en vis de pressoir, les pantoufles aérées par le bout ou déchiquetées au talon, les sabots ou souliers privés de cirage.

4° Il est utile de visiter quelquefois, dans le détail, les diverses parties du vêtement :

Le bonnet est-il suffisamment blanc ?

Le voile n'offre-t-il pas quelques déchirures ?

La robe est-elle trouée ? L'ourlet du bas est-il effilé ? Quelque agrafe, quelque crochet, quelque bouton a-t-il disparu ou demeure-t-il en souffrance ?

Les bas n'ont-ils pas d'indiscrètes ouvertures ?

Les chaussures sont-elles en bon état, etc., etc. ?

5° Faites réparer, ou vous-même réparez sans retard, un vêtement qui en a besoin. A cette fin, il est bon que la religieuse ait toujours à sa disposition ce qui lui est nécessaire, surtout si elle est absente de sa communauté. Que les morceaux, par leur couleur, ne soient pas disparates avec le reste. Que les coutures, les reprises soient faites de manière à dissimuler autant que possible l'accident survenu.

Les personnes du monde portent ostensiblement sur elles divers objets plus ou moins riches. La seule parure de la religieuse sera son crucifix. Qu'elle l'entretienne toujours dans une grande netteté et propreté.

La plupart des religieuses portent le chapelet suspendu au côté. Qu'elles évitent de l'avoir toujours entre les mains, comme pour se donner une contenance, de le faire balancer de droite à gauche en marchant, de s'en servir comme d'un jouet.

Les conseils suivants de saint François de Sales termineront à propos ce chapitre : « Soyez propre, Philotée : qu'il n'y ait rien sur vous de traînant et de mal agencé. C'est mépris de ceux avec qui l'on converse d'aller parmi eux en habit désagréable... Pour moi, je voudrais que mon dévot et ma dévote fussent les mieux de la compagnie, mais les moins pompeux et affectés, et, comme il est dit au Proverbe, qu'ils fussent parés de grâce, bienséance et dignité. »

CHAPITRE II

VIE COMMUNE

La Communauté est une famille où l'union la plus intime doit régner toujours. Assurément, la contrainte, l'affectation, l'air guindé y seraient tout à fait déplacés ; un certain laisser-aller s'y pardonnerait plutôt. Toutefois, la charité divine, y régnant plus qu'ailleurs, s'y manifestera spontanément par l'amabilité, la bonté, les délicates attentions, les égards particuliers dus à chacune, selon l'âge et le rang.

Ce serait un non-sens de garder sa politesse pour les étrangers et de se dédommager en quelque sorte, à sa communauté, par des manières maussades, même grossières, d'être, selon l'expression d'un auteur, *agneau au dehors, loup chez soi.* « *Il faut, au contraire, porter son velours en dedans,* disait Joubert, *c'est-à-dire montrer son amabilité de préférence à ceux avec qui l'on vit.* »

Parcourons brièvement les obligations de la religieuse envers ses supérieurs, ses sœurs, dans l'observation de sa règle, à la chapelle, au réfectoire, à la salle de récréation, dans les obédiences, vis-à-vis des étrangers, soit au parloir, soit à l'intérieur de la communauté.

I. — **Envers ses Supérieurs.**

Affectueuse subordination, respectueuse confiance, résument les devoirs d'une religieuse envers ses supérieurs. Ils lui tiennent lieu de père et de mère : elle doit les aimer. Ils lui sont donnés pour être ses guides : elle doit se soumettre à leur autorité ; ses vœux le lui prescrivent. Ils sont près d'elle les représentants de Dieu : elle doit les respecter. Elle sait qu'ils n'ont en vue que ses plus chers intérêts : elle doit aller vers eux avec confiance.

Son affection n'exclura pas le respect. Elle évitera dans ses paroles et dans ses actes ce qui serait trop familier. Toujours, soit en leur adressant la parole, soit dans ses réponses, ou en parlant d'eux, elle ajoutera la dénomination de *Révérend Père*, de *Mère*, de *Révérende Mère*, etc., selon la règle de sa Communauté. Un *oui* ou un *non* tout court; demander, en les abordant, comment ils se portent; poser des questions indiscrètes pour savoir ce qu'ils ont décidé; l'emploi de la troisième personne en s'adressant à eux : « *Notre Mère voudrait-elle me permettre ?* » etc., serait contraire aux bienséances.

Quand vous vous approchez de vos supérieurs, saluez-les par une inclination légère : faites de même si vous les rencontrez sur votre chemin, et cédez-leur la place la plus convenable et la plus honorable; le long d'un escalier, vous leur laissez le côté de la rampe; sur un trottoir, le côté des maisons; en marchant, vous les placez toujours à votre droite; si vous êtes plusieurs, vous les mettez au milieu. Lorsque votre supérieure est âgée ou infirme, ou quand il s'agit de franchir un obstacle, de passer un endroit difficile, vous pouvez lui proposer de l'aider, lui offrir votre bras, etc.; quand vous la voyez chargée d'un sac, etc., vous la priez de se décharger et de vous le remettre.

Si les supérieurs entrent dans la salle où vous êtes, dans votre cellule, vous vous levez, vous allez à leur rencontre et leur offrez un siège, évitant de leur en donner un qui vient de servir; vous interrompez les conversations commencées et vous vous abstenez de causer, de lire, ou de toute action qui semblerait un défaut d'attention; vous écoutez, sans les interrompre, sans démentir ce que vous ne croiriez pas très exact, sans rire jusqu'aux éclats, lorsqu'ils disent quelque chose pour vous récréer. Vous interrogent-ils ? Vous vous levez et répondez avec simplicité. Avec eux, comme avec tous, un langage maniéré, un ton affecté seraient de mauvais goût.

Dans les conversations avec vos supérieurs, demeurez également éloignée et du bavardage et de la taciturnité.

Rire de leurs petits travers, de leurs infirmités, de leurs défauts serait très irrespectueux.

Éviter de les rencontrer, fuir leur société ne serait pas l'indice d'une bonne religieuse.

Leur demander des permissions de loin ou par signes serait inconvenant.

Si vous partez en voyage, vous irez les voir avant le départ et à votre retour

Quand ils ont une place qui leur est exclusivement attribuée, par exemple à la chapelle ou ailleurs, vous ne devez jamais vous y mettre, même dans leur absence.

Quelqu'un vient-il à entrer chez un

supérieur quand vous y êtes vous-même, retirez-vous aussitôt, bien que la personne vous dise : « Restez, je ne suis qu'un instant. » C'est au supérieur qu'il appartient de vous retenir, s'il le juge à propos.

Arrivez-vous en retard à un exercice de la communauté ? La règle et la politesse vous prescrivent de donner à vos supérieurs la raison de votre retard.

Sachez répondre aux politesses qu'ils veulent bien vous faire et témoignez que vous en êtes heureuse et honorée. Vous présentent-ils de l'eau bénite à l'entrée ou à la sortie de l'église ? Acceptez. Vous invitent-ils à passer avant eux, par exemple dans leur appartement, dans une voiture ? Entrez sans faire de difficulté. Louis XIV recevait l'ambassadeur d'Autriche au palais de Versailles ; ce prince avait, parmi toutes les Cours d'Europe, la réputation justement méritée d'être un parfait gentilhomme, connaissant tous les usages de la plus exquise politesse et du savoir-vivre. Le roi résolut de mettre son hôte à l'épreuve de l'étiquette française et lui proposa une promenade dans la forêt. Au moment du départ, il invite le prince à monter avant lui dans le carrosse royal; le prince accepte l'invitation sans hésiter un instant, estimant que le désir du roi valait un ordre de sa part.

Arrive-t-il que, vous trouvant dans leur compagnie, vous vous apercevez la première qu'il se présente pour eux et pour vous un devoir de politesse à remplir, par exemple un salut à donner ou à rendre? Ne prenez pas l'initiative. Si la chose est importante et leur distraction manifeste, vous les avertissez respectueusement.

Vous prêtent-ils quelques objets, vous ne les confierez point à d'autres; vous les rendrez exactement, quand ils ne vous seront plus utiles.

Vous envoient-ils pour quelque commission dans leur chambre, dans leur bureau, ce serait une grave indiscrétion d'en profiter pour examiner ce qui s'y trouve.

Quand vos supérieurs seront malades, vous leur prodiguerez, cela va sans dire, tous les soins en votre pouvoir. Inutile d'ajouter que le conseil donné plus haut de ne pas leur demander comment ils se portent, ne trouve plus son application ici. Il est délicat au contraire de s'informer de leur état, et de montrer par là combien vous vous intéressez à leur santé.

Allez vers vos supérieurs aussi souvent qu'il est utile, mais n'oubliez pas que leurs occupations sont nombreuses et leurs moments comptés. Après avoir exposé les affaires, sur lesquelles vous aviez à les entretenir, et reçu leur réponse, remerciez-les et retirez-vous en vous inclinant légèrement.

II. — Envers ses Sœurs.

Vous vous appelez *Sœurs*. Ce nom vous trace vos devoirs vis-à-vis de celles dont vous partagez les exercices, le travail, la vie.

Amabilité, support, bonté, attentions délicates pour éviter de faire souffrir, pour secourir ou soulager, doivent se rencontrer en communauté. Ce sont plantes précieuses qui s'y épanouissent à l'aise : ce sont fleurs qui s'y cueillent communément. Toutefois, elles y trouvent des ennemis.

A l'amabilité, s'opposent les défauts de caractère. Suivant son impulsion, telle prendra un genre affecté, prétentieux, mystique, qui la rend insupportable. L'une s'arrogera le monopole de la parole : il n'y en aura que pour elle pendant les récréations, et ses pauvres compagnes seront vraiment les victimes du silence. Une autre critique tout : rien n'est bien ;

elle trouverait des taches dans les anges eux-mêmes. Celle-ci est d'une gaieté étourdissante. Celle-là semble porter les péchés du monde entier : sa figure sombre ne déride jamais, son âme est pleine de mélancolie, ses paroles (quand elle daigne parler) exhalent la tristesse. Sont-ce là des compagnes aimables ?

Le support s'impose : il est une conséquence forcée de la diversité des caractères. La politesse veut que l'on évite de faire remarquer les travers, manies, défauts des autres, qu'on les supporte le plus possible, sans laisser voir ou croire qu'on en souffre. Une parole peu aimable est-elle dite à votre adresse ? Souvent, vous semblerez ne l'avoir pas entendue. Vous a-t-on manqué d'égard ? Vous paraîtrez n'avoir rien vu. Les circonstances se chargeront de multiplier les exemples.

Enfin vous serez attentive à être utile, agréable, à ne rien faire souffrir.

Une Sœur est-elle embarrassée d'un

fardeau? Vous l'aidez s'il se peut. Rencontrez-vous quelqu'une dans les escaliers, les corridors, le long d'un chemin? Vous lui cédez le pas, surtout quand elle est plus âgée. Si une Sœur entre à la salle et cherche une place, un siège, vous vous empresserez de lui indiquer une place libre, de lui procurer un siège, etc., etc.

L'égoïsme est l'ennemi de la politesse non moins que de la charité. Vous saurez vous gêner pour faire plaisir : vous laisserez une fenêtre ouverte par condescendance ; si votre sœur repose, vous éviterez le bruit autour d'elle ; vous fermerez plus doucement une porte, etc.

Jamais vous ne désignerez une religieuse, sans faire précéder son nom du mot *Sœur*, ou *ma Sœur*. Le tutoiement, les surnoms, les qualifications quelconques, les questions indiscrètes, les réponses inconvenantes sont, cela va de soi, absolument bannis. Jamais une expression grossière ne doit se trouver sur les lèvres.

Les jeux de main, les familiarités, etc., ne sont pas moins proscrits par la règle que par la politesse.

III. — Dans l'observation de la règle.

Quand un artiste a terminé son chef-d'œuvre, il lui donne le *poli*, afin d'en rendre les surfaces plus agréables et plus brillantes. Ne pourrait-on pas dire que l'observation de la Règle donne à la religieuse, dans sa Communauté, tout son poli ? Elle la rend plus agréable à ses sœurs : sa conduite brille à leurs yeux d'un éclat tout divin.

Si elle est inexacte, voyez la différence. Arrive-t-elle en retard ? Elle trouble un exercice commencé, distrait ses sœurs, les dérange pour se rendre à sa place, etc.

Est-elle infidèle à la règle du silence, appelé par Bossuet le *gardien de l'âme ?*

Elle enlève à la Communauté ce charme indéfinissable du calme, de la paix, de la solitude, du recueillement si favorable à la piété, à l'union de l'âme avec son Dieu.

Pour le même motif, elle ouvrira et fermera les portes sans le moindre bruit, sans lenteur et sans brusquerie. Elle ne les laissera jamais ouvertes, lorsqu'elles doivent être fermées, quand même elle devrait y repasser quelques instants après.

IV. — A l'église.

C'est ici la maison de Dieu : que cette pensée pénètre votre âme! Elle vous suggérera la conduite à tenir dans le lieu saint. Vous n'y entrerez jamais, fût-ce pour une simple commission, sans avoir abaissé la robe, enlevé le tablier et les bouts de manche. Il y a évidemment exception pour les sacristines occupées à orner les autels.

Cependant elles n'oublieront pas elles-mêmes qu'elles sont en présence de Notre-Seigneur. Jamais elles ne passeront devant le tabernacle sans fléchir le genou, ou faire une inclination profonde. Elles éviteront de monter sur l'autel, pour placer des fleurs, disposer une décoration, etc., de causer sans nécessité ; et si elles parlent, que ce soit toujours à voix basse. En arrivant, en sortant, elles adresseront une prière à l'Hôte divin du tabernacle.

L'eau bénite se prend en trempant l'extrémité des deux premiers doigts de la main droite dans le bénitier. Lorsque vous tracez sur vous le signe de la croix, rappelez-vous bien où est votre poitrine, où sont vos épaules.

Il est convenable de présenter de l'eau bénite à la personne qui suit. Celle-ci acceptera et remerciera par une légère inclination de tête.

Si vous accompagnez des personnes à qui vous devez le respect, ou que vous voulez honorer, devancez-les un peu, pour aller ouvrir la porte et offrir l'eau bénite. Vous entrez après elles, refermez la porte et présentez ou indiquez des prie-Dieu, des chaises et vous prenez la dernière place. Au sortir de l'église, vous aurez les mêmes égards.

Si la Supérieure, ou quelque Sœur en charge, arrive à la porte de la chapelle en même temps que vous, la politesse demande qu'après lui avoir offert de l'eau bénite, vous vous écartiez un peu pour la laisser passer la première.

Ce serait politesse intempestive d'agir de même envers toutes les Sœurs.

Vous gagnez votre place sans précipitation, ni solennelle lenteur. La génuflexion est d'usage lorsque vous passez devant le tabernacle. Vous évitez de monter sur les prie-Dieu pour arriver au vôtre. Si vous êtes obligée de passer devant quelqu'une, vous faites une légère inclination en vous excusant.

Votre place est-elle occupée ? le plus

simple et le plus poli est d'en prendre une autre, lorsqu'il y a des sièges libres à côté. Dans le cas contraire, vous vous excusez et priez la personne qui est à votre place de bien vouloir vous la céder. Si cette personne est infirme ou âgée, ce serait un devoir de charité de ne la pas déranger.

A tous les exercices, à tous les offices, soyez fidèle à l'heure. Si l'exactitude est obligatoire dans tous nos rapports de société, elle l'est plus encore dans nos rapports avec Dieu.

Arriver en retard serait mal édifiant et troublerait le recueillement.

Entrez-vous pendant que le prêtre est en chaire? vous demeurez au bas de l'église jusqu'à la fin de la prédication.

De même, lorsque votre Supérieure, ou la Sœur qui la remplace, prie ou lit à haute voix, vous attendrez la fin de la prière ou de la lecture pour vous rendre à votre place.

Quand vous y êtes parvenue, ne soyez pas trop longtemps à vous installer, comme ces personnes qui se tournent et retournent, époussètent leur siège, tirent leur livre, assurent leur parapluie, etc. Les voisines se demandent quand finira cette cérémonie.

La présence de Notre-Seigneur au tabernacle exige que votre pose et votre maintien ne dénotent aucune négligence.

Étant à genoux :

1° Ne croisez pas les pieds l'un sur l'autre ;

2° Ne vous tenez pas accroupie sur les talons ;

3° S'il y a un accoudoir, vous pouvez y poser les coudes ou les poignets, ayant les mains jointes ou les bras croisés dans vos manches. Se soutenir la tête, ou le menton, avec les mains, se pencher trop en avant, prendre un air mystique et contemplatif, lever les yeux sans cesse vers le ciel, être toujours en mouvement, etc., ne serait pas convenable.

Assise :

Ne remuez pas sans cesse sur votre chaise, ne vous penchez pas trop ni en arrière ni en avant. Ne mettez pas vos pieds sur les barreaux de la chaise qui est devant vous, etc.

Debout :

Soyez droite sans raideur. Pendant les offices, tenez-vous debout, assise ou à genoux, conformément aux rubriques, aux prescriptions de votre règle, ou selon les usages des endroits où vous vous trouvez.

Pas d'exclamations, de soupirs bruyants, de prières récitées à mi-voix (ce qui est fort gênant pour les voisins), de gestes, de bras élevés vers le ciel! Point de ces manies qui ridiculisent, par exemple : se frapper la poitrine avec ostentation ; joindre les mains en les crispant ; affecter un ton *mignard*, en répondant aux prières ; traîner après les autres ; faire des signes de croix d'une longueur démesurée.

Si, lorsque vous êtes à la chapelle, votre Supérieur ou quelque personnage entre et passe près de vous, étant assise, vous vous levez ; il en serait de même si quelque supérieur s'approchait pour vous parler.

Il est louable de prendre part aux chants liturgiques, mais sans forcer la voix, sans vouloir aller plus vite ou plus lentement que le chœur, sans grimaces et sans contorsions. Toute voix fausse ou criarde doit s'abstenir de prendre part aux chants.

Pendant les sermons, les instructions, vous éviterez soigneusement tout ce qui pourrait fatiguer le prédicateur, ou distraire l'auditoire, comme de vous moucher fréquemment, de tousser ou de bâiller bruyamment, de remuer votre chauffe-pieds, d'agiter votre chaise, de lire, de feuilleter votre livre, etc., etc. Après le sermon, vous travaillerez à en profiter, non à le critiquer.

Quand on vous offrira le pain bénit, vous prendrez, sans empressement, le morceau le plus près de vous. Il est convenable de faire le signe de la croix avant de le porter à la bouche.

Lorsque, dans la chapelle, vous récitez la prière à haute voix ou psalmodiez les versets de l'office, ne gênez pas vos compagnes par une lenteur excessive ou par une trop grande précipitation.

Il serait inconvenant qu'une religieuse montât sur une chaise, pour voir l'entrée d'un cortège, ou suivre les détails d'une cérémonie; examinât les toilettes, les personnes; se permît des conversations. A toute question oiseuse, une réponse brève et froide convient.

Vous ne vous arrêterez pas sous le porche de l'église, après les offices, si vous vous trouvez dans une paroisse, pour rire et causer avec les personnes du monde. Saluer aimablement et passer son chemin est le devoir de la religieuse.

Entrez-vous dans une église pour la

visiter? Tout d'abord vous adorez le Saint-Sacrement quelques instants. Pendant votre visite, vous ne parlez qu'à voix basse. Si un office est commencé, vous ne circulerez pas à l'intérieur de l'édifice.

Rappelons-nous, en terminant, la pensée du commencement : « *L'église est la maison de Dieu.* » Ne l'oublions jamais, quel que soit le motif qui nous porte à en franchir le seuil.

V. — Au réfectoire.

« *On doit manger pour vivre,* dit saint François de Sales, *et non pas vivre pour manger.* »

Aller au réfectoire avec modestie; réciter avec attention le *benedicite* qui précède le repas, et les *grâces* qui le suivent; se montrer charitable et prévenante; ne point promener çà et là ses regards; s'imposer quelques privations inaperçues et surtout accepter celles que la divine Providence ménage; écouter attentivement la lecture, ne point faire remarquer les fautes de la lectrice, éviter le bruit avec la cuiller, la fourchette ou le mouchoir, est recommandé à la communauté.

Au dehors, quoi que fassent les personnes de la maison, une religieuse n'omettra jamais les prières d'avant et d'après les repas.

Chaque congrégation a ses usages particuliers. Les sœurs doivent s'y conformer.

Nous donnerons ici les règles générales en vigueur dans la bonne société. Les sœurs discerneront sans peine ce qui regarde les repas de la Communauté et les repas pris en dehors de la communauté, quand elles sont auprès de leurs malades, ou dans d'autres circonstances.

1° Tenue. — Vous ne vous présentez jamais dans la salle à manger sans avoir quitté tablier, bouts de manche, gants ou mitaines, sans avoir abaissé votre robe, si elle est relevée pour le travail, sans vous être lavé les mains.

Vous attendez, pour vous approcher de la table, que l'on vous ait désigné votre place et vous ne vous asseyez pas, avant que les personnes qui président vous en aient donné le signal, en s'asseyant elles-mêmes.

Ne vous placez ni trop loin ni trop près de la table, et ne dépliez pas votre serviette avant le maître ou la maîtresse de la maison.

Ne vous balancez pas sur votre chaise, ne vous tenez pas renversée contre le dossier, mais légèrement penchée en avant. En un mot, prenez une attitude aisée et convenable.

Évitez de gêner les voisins, soit en les serrant de trop près, soit par vos gesticulations.

Placer ses coudes sur la table serait très inconvenant.

Prenez-vous part à une conversation

générale? parlez assez haut pour être entendue de tout le monde. Parlez-vous seulement à votre voisin? que le ton de votre voix ne gêne pas la conversation des autres.

Il est de règle de ne point se lever de table, avant la personne qui préside. Toutefois une garde-malade peut (et souvent doit) ne pas attendre la fin du repas, mais se rendre auprès de celui à qui elle prodigue ses soins, dès qu'elle a pris ce qui lui était nécessaire.

Parler ou boire la bouche pleine, faire du bruit en mangeant est impoli.

2° **Objets servant au repas.** — La *serviette* s'étend sur les genoux pour garantir les vêtements. Avant de boire, vous vous essuyez la bouche, afin de ne pas graisser votre verre avec vos lèvres. Les doigts ne s'essuient jamais à la nappe, toujours à la serviette.

Le couteau à lame d'acier sert pour couper les viandes ou certains légumes dans l'assiette, et non pas pour les porter à la bouche ; le couteau à lame d'argent s'emploie pour couper les fruits. Frapper sur son verre pour appeler le domestique, tenir son couteau élevé sur la table, l'avoir à la main quand ce n'est pas utile est contraire aux bienséances.

Si votre couteau a déjà servi, ne l'employez pas à couper un fruit pour le partager avec quelqu'un. Demandez un autre couteau.

La cuiller se tient de la main droite et jamais à pleine main, ni par le milieu du manche. Elle ne doit pas se porter à la bouche trop chargée, mais seulement à demi remplie. Elle s'introduit par l'extrémité et non par le côté et jusqu'au milieu et non pas jusqu'au manche.

La fourchette se tient également de la main droite, excepté lorsque vous coupez votre viande, alors vous la tenez de la main gauche et même vous pouvez la porter ainsi à votre bouche. Cet usage est généralement admis.

En portant la cuiller ou la fourchette à votre bouche, vous ne déployez pas le bras en demi-cercle, ni ne le pressez contre le corps.

La cuiller se laisse dans l'assiette. La fourchette se place sur le support destiné à cet effet, ou simplement sur la nappe, les ardillons en bas.

L'assiette :

Jamais femme polie n'essuya son assiette,
Avec ses doigts, son pain, sa langue ou sa serviette.

Ne pas la soulever de table pour prendre plus commodément ce qu'elle renferme, la lever quand un domestique avance une autre assiette, afin qu'il puisse la passer par-dessous et recevoir celle qui a servi... etc., sont des règles connues de tous.

Les petits os et les noyaux, que l'on a en bouche, se reçoivent dans le creux de la main gauche, et non de la main droite, pour être déposés sur l'assiette. Les cracher sur l'assiette ou les extraire de la bouche avec le bout des doigts serait très impoli. Il est permis encore de les transporter de la bouche à l'assiette, au moyen de la fourchette ou de la cuiller. Il faut alors se voiler la bouche avec la main gauche.

Le verre. — Vous laissez votre verre devant vous et ne le rangez pas de côté. Si vous prenez de l'eau rougie, que le vin n'y soit que pour un tiers, remplissez le reste d'eau mais non jusqu'aux bords.

Il est poli d'offrir à boire à ses voisins, quand on s'aperçoit que leur verre est vide, pas auparavant. Lorsqu'on vous a fait la même politesse, vous remerciez par un signe de tête.

L'eau ne s'offre pas.

Il n'est pas convenable de prendre le verre d'un autre pour lui verser, ou lui faire verser à boire.

Si l'on vous présente du vin ou si vous en offrez vous-même, ne le désignez point par ces simples mots : du *rouge*, du *blanc*, du *bordeaux*, etc., dites : du *vin rouge*, du *vin blanc*, du *vin de Bordeaux*, etc.

Le verre se prend, de la main droite, par les côtés, avec le pouce et les deux premiers doigts, non avec les deux mains.

Vous vous essuyez les lèvres avant de porter votre verre à la bouche, et après avoir bu.

Boire la bouche pleine, regarder autour de soi, faire du bruit en buvant est impoli.

La tasse à café. — Ne la laissez pas emplir jusqu'à ce qu'elle déborde dans la soucoupe, mettez du sucre médiocrement, pas plus de deux ou trois petits morceaux pris dans le sucrier, soit avec le pouce et l'index, soit avec la pince à sucre, s'il y en a une. Ne versez pas le contenu de votre tasse dans la soucoupe pour refroidir le liquide, et n'acceptez jamais d'eau-de-vie.

Le rince-bouche. — Si, à la fin d'un repas, on dépose devant vous un bol contenant un verre rempli d'eau tiède, ne refusez jamais. Vous versez une partie de l'eau du verre dans le bol, vous vous y trempez le bout des doigts et les essuyez à votre serviette.

3° **Service et mets.** — Lorsqu'un domestique vous présente les plats, vous prenez, avec la cuiller ou la fourchette qui s'y trouve, le morceau le plus rapproché de vous, sans choisir, autant que possible et sans faire glisser ce morceau sur votre assiette. Vous l'y transportez en le soulevant.

Si le plat circule, prenez-le, quand il vous est présenté par votre voisin, et servez-vous comme dans le premier cas.

Quand celui qui préside vous sert et vous fait passer ce qu'il vous a destiné, vous acceptez de la main droite et, de la main gauche, vous passez l'assiette vide.

Remettre au voisin ce qui vous a été envoyé, serait manquer à la politesse.

Potage, soupe. — Le potage ne se refuse pas. Il se mange avec la cuiller *seule*. Souffler dessus pour le refroidir, écraser dans l'assiette pain ou légumes, y ajouter du vin ou de l'eau, soulever de table l'assiette pour y prendre le peu de bouillon qui y reste, serait inconvenant.

Pain. — Habituellement, le pain est placé près de chaque convive avant le repas. Il se rompt avec les doigts, en morceaux assez petits, pour être introduits *sans peine* dans la bouche et au fur et à mesure du besoin : vous n'aurez pas un certain nombre de fragments préparés à l'avance.

Il ne convient pas de s'en servir pour absorber la sauce restée dans l'assiette, de mordre dans son morceau, d'en prendre la mie pour s'amuser à en faire de petites boulettes, etc., etc.

Si vous avez besoin de couper un morceau de pain, prenez le couteau destiné à cet usage. Dans le cas où il n'y en aurait pas, servez-vous du vôtre, après l'avoir bien essuyé à votre serviette et non *sur le pain lui-même*.

Viande. — Vous la coupez en petits

morceaux à l'aide du couteau et de la fourchette, et selon le besoin. Ne faites jamais une espèce de hachis dans votre assiette. Ni la viande, ni les os ne se prennent avec les doigts. Détachez le mieux possible la viande de l'os, dans l'assiette même, et laissez ce que vous ne pouvez enlever. Ne cherchez pas non plus à extraire la moelle des os avec votre couteau ou votre fourchette.

Enfin, vous éviterez avec soin quelques locutions vicieuses en parlant de la viande. Vous ne direz pas du *bouilli*, mais du *bœuf;* de la *volaille*, mais du *poulet; un* dinde, mais *une* dinde, etc.

Œuf à la coque. — Il se place dans le coquetier, le gros bout en haut. Enlever le sommet avec la fourchette, ne point humer l'albumine, la prendre avec la petite cuiller; ne pas se servir de son couteau, mais encore de la petite cuiller, pour mélanger le sel; après avoir mangé l'œuf, renverser la coque dans son assiette, l'écraser avec le coquetier, sont des usages reçus.

Sel et poivre. — Ils se prennent dans la salière avec la petite cuiller destinée à cet effet ou, en son absence, avec la lame du couteau, préalablement bien essuyé ; jamais avec les doigts ni le manche de la fourchette.

Légumes. — Presque tous les légumes se mangent avec la fourchette. Il y a exception cependant pour les pommes de terre, les asperges, les artichauts.

Les pommes de terre en robe de chambre se pèlent sur l'assiette. Après les avoir divisées en morceaux et sur chacun d'eux avoir étendu le beurre, on les porte à la bouche avec la main.

Les asperges. — Vous plongez dans la sauce la tête verte de l'asperge, la portez à la bouche et détachez avec les dents ce qui peut être mangé.

Les artichauts. — Vous enlevez l'une après l'autre les écailles, vous plongez dans la sauce la partie blanche, et vous la mangez comme il vient d'être dit pour les asperges.

Melon. — La tranche de melon se sépare de l'écorce, se divise, avec le couteau, en petits morceaux qui se prennent avec la fourchette.

Salade. — La salade se mange avec la fourchette. Il faut éviter avec soin de la hacher et de la mêler, d'une manière malpropre, avec les autres mets.

Radis. — Les radis se prennent avec la main et ne se pèlent pas.

Fromage. — Vous ne le prendrez pas avec la main pour en enlever la peau. Cette opération se pratique dans l'assiette avec le couteau et sans y toucher avec les doigts. Le fromage de gruyère se coupe en petits morceaux, puis est porté à la bouche avec le pouce et l'index.

Les pommes et les poires ne se pèlent pas en spirale. Elles se divisent en quatre parties et chacune se pèle dans le sens de sa longueur.

Les prunes. — Il est permis de mordre

dans les prunes. Après avoir reçu les noyaux de la bouche dans la main à demi fermée, on les dépose sur son assiette. On fait de même pour les *noyaux de cerises*. Les *noyaux de pruneaux* se reçoivent dans la petite cuiller.

Fraises. — Vous prenez les fraises avec une cuiller, lorsqu'elles sont sur l'assiette ; vous les saupoudrez de sucre et les mangez avec la petite cuiller.

Le laitage, riz, crèmes, etc., et les autres sucreries liquides se mangent toujours avec la cuiller.

Les compotes, confitures, gelées, etc., se mangent avec la petite cuiller.

Les noix et les noisettes ne se cassent pas avec les dents. Elles se brisent avec le casse-noix, ou avec le couteau assez adroitement pour ne pas se blesser.

Avant de terminer, nous donnons quelques avis qui n'ont pu trouver place jusqu'ici.

1° En mangeant, que ce soit bien votre

main qui aille à la bouche et non la bouche qui descende vers la main.

2° Avez-vous rencontré quelque chose de malpropre, un limaçon, un cheveu, etc., dans ce qui vous a été présenté? Dissimulez le plus possible. Si votre répugnance est trop grande pour manger ce qui vous est servi, renvoyez votre assiette sans que ce soit remarqué.

3° Attendez que l'on vous serve, ne vous servez pas vous-même.

4° Lorsqu'un mets a été préparé à votre occasion, vous auriez mauvaise grâce à n'en pas accepter.

5° Il serait très déplacé de réserver quelque chose de ce qui a été servi, fût-ce même pour un malade.

6° En vous levant de table, laissez votre chaise à sa place.

7° Ne vous entretenez pas de la nourriture ni pour critiquer, ni pour exalter certains mets. Dans le premier cas, ce serait inconvenant. Dans le second cas, vous vous exposeriez à vous attirer l'épithète de *gourmet*, réputation qu'il ne vous est pas permis de rechercher.

8° Évitez de manifester trop de préférence pour les mets sucrés. Vous rappelleriez aux malins ces vers de Boileau :

Car de tous mets sucrés, secs, en pâte ou liquides
Les estomacs dévots furent toujours avides.

VI. — A la salle des récréations.

« *L'arc ne peut toujours être bandé.* » Les récréations sont donc utiles, nécessaires, même en communauté.

La charité et la politesse n'en seront jamais bannies. Elles ont des droits tout spéciaux, contre lesquels la coutume ne saurait prescrire.

Il faudra veiller, car alors toute contrainte est mise de côté (c'est justice), et le caractère paraît mieux, avec ses qualités, il est vrai, mais aussi avec ses défauts.

Vous vous y rendez posément et non

comme des enfants empressés de manifester leur joie d'être libres.

Vous serez toujours prête à rendre service, soit pour placer un petit banc sous les pieds d'une sœur âgée, lui apporter un chauffe-pieds, lui mettre son ouvrage entre les mains, relever son dé qui vient de tomber à terre, lui enfiler une aiguille, enfin lui rendre une foule de petits services, qui entretiennent la bonne harmonie et maintiennent l'union.

Pendant les récréations, régneront la bonté, l'amabilité, l'enjouement, l'entrain, la gaieté.

A votre arrivée dans la salle, ne vous emparez pas aussitôt de la conversation, comme si vous vouliez vous en attribuer le monopole. Savez-vous à quoi vous vous exposeriez ? On vous jugerait *bavarde*. Or voici ce que j'ai lu sur la bavarde.

« Elle oublie que la conversation est un dialogue auquel chacun a droit de prendre part et, en violant ce droit, elle froisse et blesse ses compagnes. Elle est le plus souvent indiscrète et inconsidérée. Comment dans ce flux de paroles, ne s'en trouverait-il pas un grand nombre que la réflexion n'a point mûries et qui manquent de justesse, d'à-propos, de réserve et de bon sens.

Aussi la bavarde est-elle dans sa communauté un personnage fatigant, pour lequel on n'a ni estime ni sympathie, que l'on redoute et que l'on fuit. »

O l'éternel tic tac d'une vaine faconde !
Est-il plus sûr moyen d'ennuyer tout le monde ?

N'oublions pas que notre Créateur nous a donné deux oreilles et une seule langue et qu'ensuite il nous a laissé ce conseil dans les Saintes Écritures : « Soyez prompt à écouter, mais lent à parler. »

La *taciturnité* toutefois serait un autre défaut. Si chacune a le droit de parler, elle en a aussi le devoir. Le charme de la récréation consiste précisément à ce que chacune apporte sa petite part de bonne humeur et sa cotisation de bons mots.

Bouder, se tenir à l'écart, *comme le hibou dans sa solitude*, selon l'expression du Psalmiste, serait indigne d'une religieuse.

Soyez *discrète*, ne cherchez pas à savoir ce que vous ne devez pas savoir et ne dites pas ce que vous devez taire. Si la discretion est un devoir pour tous, la Religieuse, mêlée au monde par son ministère, y est encore plus obligée. Rapporter ce qui se passe au dehors, au dehors ce qui se passe à la communauté, raconter ses succès ne serait pas discret.

D'autre part, ne trouvez-vous pas un peu ridicule celle qui fait savoir qu'elle a des secrets qu'elle ne peut révéler, joue à la mystérieuse et à la précieuse, tient secrètes des choses, ou connues de tous ou sans importance?

Que vous dirai-je encore?

Point de *flatterie!* Point de ces compliments fades aux Supérieures, ou aux sœurs, compliments qui inspirent des haut de cœur à celles qui les entendent!

Point de cette *susceptibilité* qui s'irrite à la plus petite parole de contradiction, de reproche, etc.!

Point de ces paroles *solennelles* et *tranchantes*, qui, par leur ton sec, raide, décisif, imposent aux autres, bon gré mal gré, une sentence sans appel!

Point (permettez-moi cette expression) de ces *tatillons* qui, sous prétexte de charité, sont toujours à donner des leçons aux autres dans les plus petites choses et ont le talent de se rendre insupportables à toutes.

Contredire sans cesse ses compagnes, ne jamais les laisser terminer une histoire, une conversation, sans protester contre certaines de leurs assertions, dire toujours *non* indique un caractère peu sociable.

Il en est quelquefois pour qui *critiquer* tout ce qui se dit, tout ce qui se fait, paraît le suprême plaisir. Elles montrent par là leur mauvais esprit. Pour celles-là, il y a partout et toujours à reprendre.

Discuter sans amertume, sans opiniâtreté, sans chercher à faire prévaloir trop son opinion est légitime. « *Autant de têtes, autant de sentiments,* » disaient les anciens. Avoir en face de soi des gens toujours disposés à dire *amen* à tout, est fastidieux. Toutefois il est bon de se rappeler le principe :

Dans le doute, liberté.
En tout, charité.

Oui, toujours la *charité!* C'est la vertu par excellence des récréations, charité bonne, simple, condescendante, sans raillerie sur les défauts naturels des autres, sans moquerie sur leurs travers, leurs petites sottises, sans médisance, surtout sans cette médisance hypocrite avec ses réticences mystérieuses, pleines de sous-entendus.

La *plaisanterie* s'allie bien d'ailleurs avec cette vertu. C'est un peu de sel dans la sauce, mais il n'en faut pas trop.

La conversation périrait de langueur.
Sans ce tour amusant qu'un esprit fin lui donne.

Que les *Je* et *moi* ne viennent pas sans cesse sur vos lèvres! Ne vantez pas continuellement vos hauts faits. Vous fatigueriez vos sœurs et vous les exposeriez à la tentation de manquer de charité à votre endroit, en vous soupçonnant vaniteuse.

Être *inattentive* pendant qu'une sœur vous parle, ne la point écouter, serait inconvenant. Combien plus si la sœur vous était supérieure!

Se faire des signes en secret, venir se *chuchoter* à l'oreille, s'adresser la parole à de trop grandes distances, est interdit par les convenances les plus élémentaires.

Autant une bonne et franche gaieté est de mise en récréation, autant badiner, folâtrer, se permettre des gestes, des postures, des paroles contraires à la gravité religieuse, serait aller contre toutes les règles.

Affecter une dignité exagérée, faire la pédante, être toujours guindée, ridiculiserait une Sœur.

Un mot de Dieu, de piété, donné à propos, est un assaisonnement tout naturel aux récréations d'une religieuse. Cependant vouloir *sermonner* ses sœurs, leur parler comme un orateur en chaire, ne serait pas de mise dans la circonstance.

Enfin, la suprême politesse, pour une religieuse en récréation, est d'agir de telle sorte envers ses compagnes qu'elle les rende contentes d'elles-mêmes.

Est-il nécessaire d'ajouter que la cloche, qui indique la fin de la récréation, doit interrompre toute conversation commencée et imposer le plus absolu silence ?

VII. — Au travail.

Si j'avais à vous donner un traité du travail, je vous rappellerais sa nécessité. « *Nous sommes créés pour le travail, comme l'oiseau pour voler*[1]. » Épouses de Jésus-Christ qui a passé trente ans dans l'humble atelier de Nazareth, vous devez imiter Celui à qui vous avez voué votre vie.

Esprit de foi, vous dirais-je, activité soutenue et persévérante, humilité, simplicité, pureté d'intention, sont les conditions sanctifiantes du travail.

Ici, je dois me borner à vous indiquer le rôle de la politesse.

Recevez toujours la tâche imposée d'un air satisfait et d'un visage souriant.

Dans la salle, ne choisissez pas une place enviée par d'autres plus âgées.

Ne prenez pas tellement vos aises que les autres en soient gênées.

Aller et venir, s'agiter, causer du bruit, etc., serait mériter le nom donné par saint François de Sales aux personnes de cette sorte : « *Ce sont des bourdons, ils font plus de bruit et sont plus empres-*

1. *Job*, v, 7.

sés que les abeilles. Ils ne font cependant que de la cire et jamais de miel. » Saint François d'Assise appelait les frères qui tombaient dans ce défaut « *Frères Mouches* ». Pour vous, ce serait « *Sœurs Mouches* ».

Vous ne serez pas curieuse et ne chercherez point à savoir, qui vient, qui va, où est telle Sœur, quel est le travail des autres, etc., etc.

Que tout soit en ordre dans votre obédience. C'est si beau l'ordre ! On dit qu'il est l'indice d'une conscience où tout est à sa place. Puis quelle facilité pour retrouver vite ce que l'on cherche ! Quelle perte de temps avec le désordre ! Voyez-vous cette religieuse sans soin, tournant et retournant pour chercher un objet, ajoutant encore à la confusion et ne mettant la main sur cet objet qu'après en avoir égaré plusieurs autres, qu'elle ne trouvera plus dans une heure.

Entre Sœurs qui travaillent ensemble, jamais de commandement sec, d'ordres sévères : « *Faites tel travail, allez à tel endroit.* » Mais : « *Ma Sœur, voudriez-vous faire telle chose. Voudriez-vous aller à tel endroit.* » Chacune s'ingéniera à être agréable à sa compagne, prendra pour elle l'ouvrage le plus pénible. Elle n'attendra pas qu'on lui demande un service, elle préviendra au contraire cette compagne, dont elle aura deviné le désir.

En tout cela, elle agira simplement, sans apprêt, sans affectation.

Voulez-vous parler à l'une de vos compagnes tout absorbée dans son travail, dites-lui, en vous approchant d'elle : « *Ma Sœur, je vous demande pardon de vous déranger* », ou simplement : « *Pardon si je vous dérange.* »

Ne passez devant aucune, s'il y a place derrière elle, fallût-il faire un détour; ni au milieu d'un groupe; ni entre un objet et celle qui le regarde. Si nécessairement il faut passer devant une de vos sœurs, ne le faites pas avant de lui en avoir demandé la permission.

Dois-je ajouter qu'il faut éviter tout ce qui sent la singularité et l'originalité, et s'en tenir toujours aux prescriptions de la règle et aux usages reçus ?

Refuser d'apprendre aux autres ce que l'on sait par rapport à un travail, ne pas vouloir donner un conseil, ne serait pas religieux.

Ce serait un autre défaut de se croire toujours plus capable que les autres et de prétendre donner des leçons à tout le monde.

VIII. — Envers les étrangers.

Vous n'introduirez pas les étrangers dans la Communauté. Cependant, si une occasion vous fait en rencontrer dans la maison ou les jardins, vous les saluez par une inclination, en passant près d'eux.

Lorsque ce sont des ouvriers à leur travail, vous les laissez à leurs occupations, sans leur adresser la parole, sans leur demander aucune explication, et vous allez à vos affaires.

Êtes-vous chargée de guider vous-même des étrangers pour visiter la chapelle et la Communauté ? Vous éviterez de les conduire dans les endroits où se trouvent les sœurs, dans les salles de travail, etc., etc. Vous serez discrète, pour ne fournir que des renseignements qui peuvent donner aux étrangers une opinion favorable de la Communauté.

Il nous faut donner au *Parloir* une mention toute spéciale.

Qu'est-il ? Le parloir d'une communauté se définit : « *Le lieu où le monde vient voir celles qui l'ont quitté et s'entretenir avec elles.* »

Allez-y rarement.

Restez-y le moins possible.

N'invitez point à venir vous voir.

Toutefois, il est des circonstances où il est nécessaire de s'y présenter.

Comment faut-il recevoir ses visiteurs ?

Comment faut-il se comporter avec eux? Comment doit-on les quitter?

Sans précipitation, sans vous presser de telle sorte que vous arriviez essoufflée, haletante, présentez-vous au plus tôt. Si vous n'avez pu venir tout de suite, vous vous excuserez d'un mot d'avoir fait attendre, sans entrer dans aucun détail.

Votre tenue doit être convenable et modeste; vos habits propres et sans déchirure.

Lors même que la visite vous dérangerait ou importunerait, gardez-vous de le laisser paraître.

Vos visiteurs ont dû être introduits au parloir. Les laisser dans le corridor serait un manque de convenance. De la manière polie, aimable et simple, dont sont reçus les étrangers, dépend souvent la bonne réputation d'une communauté. Avis aux portières! Une réception raide, maussade, avec un air mécontent, donne une opinion désavantageuse d'une maison.

Lorsque vous arrivez vers la personne qui vous attend, arrêtez-vous à la distance de quelques pas pour la saluer. Ce salut consistera en une inclination de corps et de tête, plus ou moins profonde, selon la qualité du visiteur. Hocher la tête brusquement, sans aucune inflexion du corps, est de mauvais ton. La grande révérence est trop prétentieuse. Plier légèrement le genou est trop campagnard. Que votre salut soit gracieux, simple, naturel, sans raideur comme sans embarras. En même temps, votre visage exprimera la sérénité, la gravité, l'affabilité et non pas l'ennui, le trouble, la gêne.

Enfin tout l'ensemble de votre personne annonçera l'aisance et non la timidité et la gaucherie.

Quand la personne qui vous visite vous tend la main, ne refusez pas de tendre la vôtre, ce serait injurieux.

Si deux personnes viennent ensemble pour vous voir, le même salut peut s'adresser aux deux, pourvu toutefois qu'elles soient de condition égale. Si c'est une société tout entière, saluez d'abord les personnes que vous connaissez, une à une, en commençant par les plus honorables, qui ordinairement se trouvent au milieu, ou se présentent à vous les premières. Vous adressez ensuite un salut collectif aux autres que vous ne connaissez pas. Au salut du corps doivent se joindre des paroles de civilité, dictées par les relations que vous avez avec les personnes que vous recevez, ou par leur dignité.

Ainsi, vous pourrez dire pour saluer des personnes éminentes : « Monseigneur, Monsieur le Comte, Madame la Marquise, Monsieur le Maire, » etc., etc.

Il est ordinairement déplacé de désigner par son nom celui que l'on salue. Toutefois, dans beaucoup de circonstances, il sera bon de le faire. Certaines personnes sont flattées de s'entendre appeler par leur nom. C'est une preuve qu'on ne les oublie pas et c'est une manière délicate de leur faire plaisir.

Lorsque vous entrez en conversation avec une personne vouée à la religion, n'oubliez pas de lui donner les titres dus à son rang et consacrés par l'usage.

A un cardinal, on dit : « Eminence. »

A un archevêque ou évêque, : « Monseigneur, Votre Grandeur. » A un curé : « Monsieur le Curé » ; à un vicaire ou à un ecclésiastique, dont on ignore les titres : « Monsieur l'Abbé. »

Au Supérieur de certains ordres : « Monsieur le Supérieur » ; à celui de certaines Communautés : « Mon Révérend Père. »

A la Supérieure : « Madame la Supérieure; » d'autres fois : « Ma Mère », ou « Ma Révérende Mère », suivant l'usage et la règle.

On donne au simple religieux le nom de : « Père », de « Frère », de « Cher Frère », de « Révérend Frère », selon l'usage de son ordre.

A une religieuse, on dit : « Madame », ou « Ma Sœur », suivant l'habitude de la localité.

Si vous éprouvez de l'embarras pour l'emploi de ces différents titres, il est bon de vous faire indiquer, même par les personnes, la dénomination dont vous devez vous servir en leur parlant.

Après avoir salué vos visiteurs, offrez-leur un siège. Ce doit être un fauteuil, si vous en avez un.

En l'offrant, ne dites pas : « Monsieur » ou « Madame, donnez-vous la peine de vous asseoir », ce qui n'a pas de sens; ni : « Soyez assis », ce qui n'en a guère plus; mais dites : « Veuillez prendre ce siège »; ou : « Veuillez vous asseoir »; ou plus familièrement : « Asseyez-vous. »

Remarquons qu'il n'est pas poli d'offrir le siège sur lequel on est assis soi-même, ni celui sur lequel est assis un autre visiteur. Si cependant l'on n'avait qu'un fauteuil, déjà occupé par un premier visiteur et qu'il en survînt un autre bien plus élevé en dignité, le premier visiteur devrait céder son siège. La place la plus honorable est l'angle de la cheminée opposé à la porte d'entrée. C'est toujours celle qu'il convient d'offrir à un visiteur, quand il est seul, et au plus digne, quand ils sont plusieurs.

Si c'est une dame ou un monsieur avancé en âge, que vous recevez, mettez sous ses pieds un tapis, un tabouret, ou une chaufferette au besoin. Ces attentions se présentent d'elles-mêmes à la pensée des personnes bien élevées.

Il est d'usage, lorsqu'on reçoit un visiteur, de lui poser diverses questions qui précèdent tout autre sujet de conversation.

Ainsi, vous lui demanderez des nouvelles de sa santé, en disant, suivant les formules consacrées : « *Comment vous portez-vous? Votre santé est-elle bonne? Comment allez-vous?* » etc. Mais gardez-vous de dire. « *Comment ?* — *Com-*

ment que ça va? — Ça va-t-il? — Ça va-t-il bien? — Comment ça va-t-il? » etc. Ne pas attendre la réponse à cette question est une impolitesse. Celui à qui elle s'adresse doit répondre ainsi : « *Je vous remercie, très bien.* » Puis il ajoutera : « *Et vous-même?* » ou : « *Et la vôtre?* » et non pas : « *Et de votre part?* » Inutile de faire observer que la réponse à cette double question doit se faire d'un seul mot, et qu'il serait souverainement ridicule de se croire obligé, dans cette circonstance, de donner un bulletin détaillé de sa santé.

Après avoir demandé à celui qu'on reçoit comment il se porte, on peut lui adresser les mêmes questions, par rapport à d'autres personnes. Mais pour cela, il faut : 1° que l'on soit sur un certain pied d'égalité ; 2° que l'on connaisse ceux dont on demande des nouvelles ; 3° qu'ils soient avec l'interlocuteur dans des relations telles que la question soit une politesse par rapport à celui-ci.

Quand ces conditions sont réunies, il faut avoir soin, pour faire ces questions, d'employer des formules convenables.

Si vous demandez des nouvelles de la famille en général, ne dites pas : « *Et chez vous ?* » mais dites : « *Votre famille est-elle en bonne santé?* » ou bien : « *Comment se porte-t-on chez vous ?* » ou, ce qui est plus aimable : « *A tel endroit ?* », en indiquant le nom de la demeure et surtout du château, s'il y a lieu.

Ces interrogations banales qui se font, lors même que la réponse est connue d'avance, ne s'adresseront pas à des personnages officiels, ni à des supérieurs.

Si la personne que vous recevez avait été malade, ou si vous savez qu'elle a des malades dans sa famille, les questions que vous adresseriez auraient une autre signification et rentreraient dans les autres demandes, que l'on peut ou même que l'on doit faire en conversation, et n'ont pas de formules déterminées. Elles s'adressent également bien à toutes sortes de personnes, même à des supérieurs.

Rien n'est choquant comme les réponses brèves *oui* et *non;* il est indispensable d'ajouter *Monsieur* ou *Madame.* Il faut éviter aussi, lorsqu'on n'a pas entendu, de dire *hein?* En général, soyez assez attentive pour ne pas être obligée de faire répéter.

Cependant, il est des formules polies, qui doivent être employées lorsqu'on le juge nécessaire, telles sont : « *Plait-il?* » — « *Pardon, je n'ai pas entendu?* »

Les expressions : « *Ah bah!* » ou : « *Vous plaisantez!* » sont inconvenantes, surtout dans la bouche d'une religieuse. Celles-ci : « *Dame! — Ma foi! — Mon Dieu!* » sentent la mauvaise éducation. De même celles qui reviennent sans cesse à la bouche, pour approuver ce que dit votre interlocuteur, par exemple : « *Évidemment; — C'est mon opinion; — Cela se conçoit; — Je comprends; — Compris,* etc. »

Dans le monde, celle qui reçoit s'ingénie à entretenir la conversation. Habituellement, la personne qui demande une Sœur à la communauté, vient pour affaires. Elle vous dira le motif de sa visite et vous lui donnerez votre réponse. Vous informer de toutes les nouvelles qui courent la ville, vous laisser aller à des discours frivoles, légers, laisserait croire que vous êtes curieuse et pas suffisamment religieuse.

Parler de ce qui se passe à la communauté, de la Supérieure, des Sœurs, etc., serait de la dernière indiscrétion. Toute famille religieuse a ses secrets, qu'il ne convient pas de dévoiler. Il doit se passer dans le laisser-aller de la vie commune beaucoup d'incidents, dont la divulgation au dehors serait regrettable. Il faut donc s'appliquer à être, dans les communications extérieures, d'une extrême réserve, avoir à cœur la réputation de la Maison, et ne rien dire qui puisse tourner à son désavantage. Ne parlez en mal ni du régime, ni des règles, ni de l'esprit général, ni du ton et des manières, ni de la régularité, ni des malades, etc.

Si, par commission, il vous est remis une lettre, un paquet, vous ne l'ouvrez pas, vous attendez après la visite et remettez le tout à votre Supérieure. Au contraire, si la personne elle-même vous offre quelque chose, il est poli de regarder afin de remercier en connaissance de cause.

Donner des commissions à remettre, lettres, paquets, etc., ne serait pas convenable, à moins toutefois qu'on ne vous les demande. Dans ce cas, vous pouvez donner vos commissions verbales, compliments, etc. Pour le reste, vous ne devez rien remettre sans permission.

Le parloir n'est pas un lieu destiné à prêcher les visiteurs. Cependant, il est bon de ne jamais les quitter, sans leur avoir donné un petit mot du bon Dieu, sans avoir jeté dans leur âme une bonne parole.

Quand un exercice sonne, vous priez de vous excuser, étant obligée de vous rendre à cet exercice.

Vous lever la première, regarder de temps à autre à la pendule pour y voir l'heure, donner quelques signes d'ennui serait très impoli.

L'arrivée d'une personne d'un rang supérieur fait cesser tout discours commencé ; ce n'est que sur son invitation que l'on se permet de continuer (cette invitation ne doit jamais se faire attendre). Si le nouveau venu n'est pas d'un rang plus élevé, rien n'est dérangé ; seulement on le met, en peu de mots, au courant de la conversation pour qu'il puisse y prendre part.

Lorsqu'un de vos Supérieurs entre au parloir où vous êtes avec un visiteur, vous devez vous lever immédiatement et lui avancer un siège. Si c'est une simple Sœur, restez à votre place.

Lorsque la personne qui vous rend visite se lève, levez-vous également sans rien dire, rendez-lui son salut et reconduisez-la jusqu'à la porte d'entrée qui donne sur la rue. Si elle est en voiture, vous attendrez qu'elle y soit remontée, vous l'aiderez même à y monter, si c'est une dame âgée ; et lorsque la voiture commence à s'éloigner, vous saluez et vous fermez la porte.

On se salue au départ, en se disant : « *Adieu* », ou bien « *Au revoir* » ; mais non comme quelques-unes : « *A revoir* », expression qui, en ce sens, n'est pas française. Aux Supérieurs, aux personnes respectables par leur âge, leur distinction, une religieuse offrira son respect.

Si plusieurs personnes vous visitaient en même temps, il serait messéant de les quitter pour aller reconduire l'une d'elles, jusqu'à la porte de la rue ; vous quitteriez celle-ci à la porte du parloir et vous prieriez la Sœur portière de l'accompagner plus loin.

En prenant congé de votre visiteur,

ne remettez pas à sa place, devant lui, le siège sur lequel il était assis, pas plus que le vôtre ; attendez qu'il soit parti.

DEUXIÈME PARTIE

EXIGENCES DE LA POLITESSE EN DEHORS DE LA COMMUNAUTÉ

Destinée à une religieuse cloîtrée, cette partie serait inutile. Nous avons surtout en vue les gardes-malades à domicile. Elle se comprend alors et devient nécessaire.

La tenue de la religieuse dans les *rues et en voyage*, dans ses *visites*, divise cette partie en deux chapitres.

CHAPITRE PREMIER

DANS LES RUES ET EN VOYAGE

Le vêtement n'admet ni négligence, ni recherche. Sortir avec des habits en désordre ou malpropres susciterait de malignes réflexions ; trop de recherche sentirait l'afféterie.

Les gants se prennent seulement pour les visites, pourvu toutefois que la règle ou la coutume les autorise, même en cette circonstance

Le parapluie ne se met pas sous le bras et ne sert pas de canne : il se porte à la main droite. Quand la pluie vous oblige à l'ouvrir, vous le tenez droit et, pour ne pas accrocher celui des autres, vous le levez ou l'abaissez, suivant les circonstances.

La démarche lente est celle des

flâneurs; la démarche trop précipitée n'indique pas de sérieux; le pas lourd, pesant, traînant est celui du paresseux; la mondaine s'avance à pas étudiés, comme par ressort, touche à peine la terre du bout du pied et *choisit son pavé.* Une démarche un peu vive, sans précipitation, aisée, sans recherche, est celle qui vous convient.

Si les rues sont boueuses, vous relevez un peu votre robe, jamais au-dessus de la cheville. Il en est qui sont d'une adresse rare pour se couvrir de boue en marchant. Voulez-vous ne pas leur ressembler? Examinez où vous posez les pieds, évitez de les frotter l'un contre l'autre, ne soulevez pas le talon de manière à faire jaillir la boue.

Votre attitude sera digne et sans contrainte. Tenir la tête baissée, sans regarder jamais que le bout des souliers, serait ridicule et vous exposerait à heurter ce qui ou ceux qui se rencontrent sur votre chemin.

Avoir la tête haute, la tourner de côté et d'autre pour voir ce qui se passe, regarder dans les magasins, aux fenêtres, dans les voitures, examiner les étalages, regarder les baladins serait très déplacé.

Se détourner ou s'arrêter pour fixer une personne, la désigner du doigt, critiquer son habillement, sa démarche, etc., rire aux éclats, parler très haut, arrêter quelqu'un pour lui remettre une commission, appeler un passant, lui parler de loin, crier après lui, courir pour l'atteindre, serait impoli.

En un mot, vous veillerez à ne choquer ni scandaliser personne par votre maintien, le ton de votre voix, le laisser-aller de vos manières.

Vous n'oublierez pas que la politesse est sœur de la charité. Vous saurez donc vous gêner plutôt que de gêner les autres. Vous rencontrez-vous dans un passage étroit? Vous vous garderez de coudoyer, de bousculer vos voisins pour aller plus vite. Vous attendrez paisiblement votre tour. La rue est-elle encombrée? Pour ne pas heurter ceux qui viennent en sens contraire, tenez-vous un peu de côté.

Vous aurez des égards pour les vieillards, les infirmes, les personnes élevées en dignité. Vous leur laisserez le haut du pavé, c'est-à-dire le côté des maisons. Si le sentier est étroit, offrez-leur de marcher les premiers, etc., etc.

Vous demande-t-on une indication, un service? Vous donnez cette indication et rendez ce service autant que possible. Vous prévenez même à l'occasion, par exemple, vous aiderez une personne âgée ou souffrante à descendre d'une voiture, ou à y monter.

Avez-vous besoin vous-même d'un renseignement? Ne le demandez pas à la première personne venue : elle pourrait volontairement ou involontairement vous induire en erreur. Vous vous adresserez de préférence soit à un agent de police, à un facteur, à un employé ou à des commerçants de l'endroit. Vous saluez en disant : « *Monsieur* ou *Madame*, *pourriez-vous m'indiquer telle rue, s'il vous plaît, me donner tel renseignement?* » Le service reçu, vous remerciez et saluez.

Lorsque vous sortez avec votre Supérieure, quelque Sœur en charge, vous les mettez toujours à droite. Si vous êtes plusieurs, la place d'honneur est au milieu, la seconde à droite, la troisième à gauche, la quatrième à droite, et ainsi de suite.

Montez-vous dans un omnibus ou un tramway? Vous faites attention pour ne pas mettre votre pied sur le pied des voyageurs, vous ne vous appuyez pas sur eux. Il est bon de vous tenir à la tige de fer placée en haut de la voiture. Avez-vous un parapluie, des vêtements mouillés, etc.? évitez d'approcher des autres. Si vous ne le pouvez, excusez-vous. Vous restez, autant que possible, à l'intérieur des omnibus ou tramways et ne montez pas sur le haut.

Dans une gare, vous prenez rang pour parvenir au guichet des billets, sans vouloir précéder les premiers arrivés, et aussi sans vous laisser devancer par les derniers venus.

En wagon, les meilleures places sont celles près de la portière. En voiture, la place d'honneur est dans le fond à droite.

Si un voyage doit être de quelque durée, il est bon, quand c'est possible, de vous occuper à quelque travail,tricot,etc., à des lectures, ou exercices de piété.

Il ne convient pas d'entrer en conversation avec des compagnons ou des compagnes de voyage qui vous sont inconnus. S'ils vous parlent, répondez en peu de mots et tenez-vous toujours sur la plus grande réserve. Il va, sans dire, que vous ne vous laisserez pas entraîner dans les controverses. Si quelque malappris se permet des paroles inconvenantes, le mieux est de ne pas répondre.

Portez-vous des provisions de voyage? Vous serez attentive à ne gêner personne pendant votre repas. Lorsqu'il est terminé, vous ramassez os, miettes de pain, etc., que vous jetez par la portière ou que vous conservez dans un coin de votre sac de voyage. La propreté empêche de laisser ces débris à travers le wagon.

Une question complexe et délicate reste à traiter, celle *du salut.*

Devant le Saint-Sacrement porté à un malade ou en procession, vous vous mettez à genoux. Si ce n'est pas possible, vous vous arrêtez et vous vous inclinez profondément.

Rencontrez-vous un cortège religieux, une procession, un convoi? Vous vous inclinez un peu et, s'il n'est pas trop long, vous vous arrêtez jusqu'à la fin du défilé, sauf toutefois dans les grandes villes.

Le salut est dû encore :

1° A toute personne qui vous a saluée la première;

2° Aux ecclésiastiques, aux religieux et aux religieuses ;

3° Aux grands dignitaires civils ou militaires ;

4° Lorsque vous rencontrez des personnes avec lesquelles vous êtes en relation de société ;

5° Quand vous croisez même des inconnus, en dehors d'un lieu public, dans le jardin, la cour, l'escalier, le corridor d'une maison où vous allez faire visite ;

6° Si la personne avec qui vous marchez de compagnie est saluée, vous êtes obligée comme elle de rendre le salut ;

7° A quiconque vous rend un service. vous fait une politesse, vous cède le haut du pavé, etc., etc. ;

8° Partout où se rencontrent un certain nombre de personnes réunies, en dehors de la rue ou de la place publique, par exemple, quand vous entrez dans une salle d'attente.

Si vous sortez avec votre Supérieure, vous ne saluez que les personnes qu'elle salue elle-même.

Les personnes du monde observent des

nuances dans la manière de saluer : c'est un sourire, un geste amical, une inclination un peu profonde et un peu prolongée qui contribuent à rendre le salut plus expressif, plus sympathique. La religieuse modeste et polie saura le donner et le rendre d'une manière assez uniforme ; avec plus de respect que de bienveillance ; avec plus de gravité que d'affabilité.

Convient-il d'aborder les personnes que vous rencontrez et de vous entretenir quelques instants avec elles ?

Il n'est pas poli d'arrêter un Supérieur dans la rue pour lui parler.

Si vous n'êtes pas seule, ou si la personne que vous voulez aborder est accompagnée, abstenez-vous.

Il va de soi que vous ne devez pas vous attarder à la fenêtre, ou à la porte d'une maison pour parler avec les personnes qui sont à l'intérieur.

Sauf de très rares exceptions, n'arrêtez jamais une personne dans la rue pour converser avec elle.

Si une personne connue vous aborde, soyez polie et mettez fin le plus promptement possible à la conversation, alléguant telle occupation, la nécessité d'aller à tel malade.

CHAPITRE II

VISITES

Devez-vous faire des visites ? Le moins possible. Toutefois certaines s'imposent. L'obéissance vous les indiquera.

Les unes seront de cérémonie, soit à l'occasion du premier de l'an, d'un deuil de famille, etc., etc. Les autres sont dites d'affaires. Nous ajouterons quelques mots sur la visite des malades.

Visites de cérémonie.

L'heure admise pour ces visites est généralement dans l'après-midi, de une heure à cinq heures. Toutefois il faut se conformer aux usages des localités et aux habitudes de ceux que vous visitez. En certaines circonstances vous pourrez même vous présenter le matin, chez des personnes plus connues, mais jamais avant dix heures.

Une religieuse doit éviter de se trouver le jour de réception. Ce serait paraître désirer se rencontrer avec les personnes du monde. Vous vous présentez un autre jour et vous exprimez le regret de forcer la consigne. Votre excuse sera très bien accueillie.

Si vous désirez rendre visite à un grand personnage, vous lui demandez ou faites demander l'heure et le jour où il pourra vous recevoir.

Lorsqu'un haut dignitaire a ses jours d'audience déterminés, vous pouvez vous présenter ces jours, sans adresser une demande d'audience.

Est-il besoin de dire que, pour ces visites, le vêtement doit être propre et irréprochable en tout point.

Arrivée à la porte des personnes que vous voulez voir, vous frappez ou sonnez modérément, de façon toutefois à vous faire entendre; et cela, lors même que la porte serait ouverte. L'étiquette exige que vous remettiez votre carte, ou donniez votre nom au domestique qui se présentera et vous introduira. S'il n'y a point de domestique, vous frappez légèrement à la porte. Si l'on vous dit d'entrer, vous entrez aussitôt. Si vous ne recevez pas de réponse, vous vous retirez sans insister davantage. Vous pouvez laisser votre carte, pliée au coin, en bas à droite plus communément, ou la déposer dans la boîte, s'il en existe une, ou sous la porte.

Quand un voisin charitable se propose d'annoncer votre visite à la personne absente, vous acceptez volontiers et remerciez.

En entrant, vous demandez au concierge ou au domestique si Mme ou Mlle X... est visible. Vous vous contentez de la réponse reçue sans insister davantage. Surtout ne dites jamais : « *Je veux absolu-*

ment la voir. » — « *Je sais qu'elle est ici.* »

Si vous êtes introduite, vous essuyez vos pieds au tapis ou paillasson d'entrée, et déposez votre parapluie au porte-parapluie.

Lorsque vous attendez dans une antichambre ou un vestibule, toucher aux meubles, aux objets d'art, aux tentures, regarder dans le jardin, parler à très haute voix, rire aux éclats, serait inconvenant.

Si le maître ou la maîtresse de maison vous introduit et vous invite, après avoir ouvert la porte du salon, à passer la première, vous acceptez sans résistance aucune.

Au moment où vous vous trouvez en présence des personnes que vous visitez, vous saluez comme il a été dit plus haut au chapitre du *Parloir*. Vous bien posséder est important pour ne pas paraître gauche et embarrassée.

Votre salut s'adresse : 1° à la maîtresse de maison ; 2° au maître de maison ; 3° à chacun des membres de la famille ; 4° à chacune des personnes présentes connues de vous ; 5° collectivement aux personnes inconnues. Vous ferez ces saluts sans précipitation, posément et sans embarras.

Vous vous asseyez quand on vous y invite, sans aucune de ces réflexions : « *Merci, je ne suis pas fatiguée*, etc. » Dès que vous voyez le maître ou la maîtresse de la maison faire le mouvement de vous donner un siège, vous vous empressez de le prendre vous-même et vous acceptez la place qui vous est indiquée, même la première, si on vous en manifeste le désir.

Que votre conversation soit toujours simple et aisée ! Vous aurez soin de ne dire que ce qui doit être dit et de taire tout ce qui doit être tu. Quand vous ferez une visite de condoléance ou de remerciement, votre tact et votre cœur inspireront vos lèvres.

Les visites du jour de l'an se font, la

veille, aux Supérieurs, et le premier janvier, autant que possible, aux autres personnes.

Les visites de condoléance se rendent dans la huitaine, qui suit la réception de la lettre de faire-part;

Les visites de remerciement pour un service rendu, le plus promptement possible.

La visite ordinaire ne doit pas dépasser quinze minutes. Un peu avant ce temps, vous vous levez et prenez congé. Si on insiste pour que vous restiez davantage et que ce désir vous paraisse sincère, demeurez cinq minutes environ. Les longues visites sont un vrai fléau pour les personnes occupées.

Vous apercevez-vous que les personnes qui vous reçoivent sont obligées de sortir, que quelqu'un les attend, en un mot que votre visite gène de quelque manière? Vous prenez un prétexte pour vous retirer et vous vous excusez de ne pouvoir rester davantage.

Évitez de vous lever pour sortir au milieu d'une histoire racontée par un des assistants. Vous attendez qu'il y ait un petit arrêt dans la conversation pour vous lever. Vous ne remettez pas votre siège à sa place. Le salut se fait dans le même ordre qu'au commencement de la visite. A la porte du salon, vous adressez un second salut à la personne qui vous l'a ouverte et un troisième avant qu'elle ne la referme.

Si cette porte donne sur un escalier, une maîtresse de maison bien élevée ne la fermera pas immédiatement; dans ce cas, vous ferez votre dernier salut au tournant de l'escalier.

Lorsque vous accompagnez, dans une visite, votre Supérieure ou une Sœur plus élevée en charge que vous, ou plus âgée, vous devez, en montant et en descendant, lui laisser le côté de la rampe de l'escalier. Les visiteurs les plus honorables entrent les premiers dans le salon. Si la différence des rangs n'est pas considérable, et qu'un des visiteurs en invite un autre à passer le premier, celui-ci accepte, après une légère résistance, mais, à la porte suivante, il doit, à son tour, adresser la même invitation, qui sera acceptée. Quand, de deux visiteurs, l'un doit être présenté par l'autre, celui-ci entre le premier. C'est à la personne la plus respectable à faire les honneurs de la visite, à remplir le rôle principal dans la conversation, à donner le signal du départ, etc. Pour sortir, il semble plus naturel de suivre un ordre inverse de celui qu'on a suivi pour entrer, c'est-à-dire que les visiteurs les plus honorables doivent rester les derniers. Ils ne sont pas ainsi obligés d'attendre, sur le palier, que vous soyez sortie pour faire leur dernier salut.

Si vous rendez visite à un Évêque, vous faites une inclination profonde. Arrivée près du prélat, vous vous mettez à genoux pour baiser son anneau. Sur son invitation, vous vous asseyez Vous

vous retirez sans attendre qu'il donne congé, mais non sans lui avoir demandé sa bénédiction.

Visites d'affaires.

Sous ce titre, nous comprenons les relations d'affaires avec les hommes de loi, les médecins, les employés de bureau, les marchands, etc.

Ces visites se font dans la matinée, aussi bien que dans l'après-midi.

Il est convenable pour une religieuse, de ne pas aller seule, pour ces visites, autant que possible.

Êtes-vous obligée d'attendre votre tour? Il est déplacé de témoigner de l'impatience et de vouloir devancer le rang.

Si un homme d'affaires vous reçoit dans son cabinet, les règles de politesse sont les mêmes que pour le salon. Exposez-lui clairement et brièvement, dès que vous êtes assise, le but de votre visite. Vous écoutez ses observations, ses conseils, puis vous vous levez pour vous retirer, comme il a été dit précédemment.

Quand l'audience n'est pas gratuite, avant de quitter, vous dites : « *Voudriez-vous m'indiquer quels honoraires vous sont dus.* » Ce terme *honoraires* est le mot reçu pour les médecins, les avocats, les notaires, les avoués. A d'autres vous direz : « *Voudriez-vous m'indiquer de quelle somme je vous suis redevable.* »

Si l'affaire demande plusieurs audiences, vous ne posez cette question qu'à la dernière. Vous pouvez encore, dans ce cas, écrire pour remercier et demander ce qui est dû pour les honoraires. Ne disputez jamais, mais sans rien dire, déposez la somme demandée sur la cheminée, la table ou le bureau; ou, mieux encore, si elle est considérable, envoyez-la sous pli cacheté.

Lorsque vous avez quelque affaire à traiter dans un bureau, vous entrez sans frapper, vous vous approchez de l'employé auquel vous voulez parler, et, après l'avoir salué, vous exposez, d'une manière simple, concise et claire, ce qui vous amène.

Le ton de la voix doit être celui d'une personne bien élevée qui demande un service.

Si l'exposé de l'affaire exige un certain temps, vous acceptez le siège qu'un employé poli ne manque pas d'offrir.

Vous remerciez et saluez avant de vous retirer.

Dans les magasins.

Vous entrez sans frapper ; si personne ne s'y trouve, vous dites assez haut : « *Au magasin, s'il vous plaît !* » et non pas : « *A la boutique !* », ou : « *Y a-t-il du monde ?* »

Quand le marchand, ou son employé, se présente, saluez, en vous inclinant ; puis demandez ce que vous voulez, en ces termes, ou autres semblables :

« *Monsieur* ou *Madame, je désirerais telle chose* », ou : « *Voudriez-vous me faire voir tel objet?* »

Si plusieurs personnes sont en même temps que vous au magasin, ne cherchez pas à devancer votre tour.

Évitez encore de faire déranger une trop grande quantité de marchandises pour un achat peu considérable, autant que possible.

Si vous avez fait étaler beaucoup d'objets, il est convenable de ne pas quitter sans avoir fait au moins un petit achat.

Dans les magasins à prix fixe, il ne convient point de marchander. Si le prix vous paraît trop élevé, si la marchandise ne vous convient pas, ne critiquez point, mais dites simplement que vous ne trouvez pas ce que vous désirez et retirez-vous.

Toucher aux objets, les déplacer, est l'affaire des commis. Il serait inconvenant de vous le permettre. Inconvenant encore serait d'intervenir dans les marchés des autres. Laissez à chacun le soin de ses achats.

La charité veut que l'on se charge volontiers d'un paquet peu volumineux, afin d'éviter une course aux employés de magasin. S'il est considérable, il convient de laisser une certaine latitude quant à l'heure où il sera remis.

Si vous avez de justes observations à émettre au sujet de marchandises déjà livrées, il est délicat d'attendre d'être seule avec la personne qui doit les recevoir. De la sorte, vous ne compromettrez pas la réputation du marchand et ne nuirez pas à la vente de sa marchandise.

En sortant d'un magasin, vous saluez de la même manière qu'en y entrant. Il convient aussi de remercier et, dans certains cas, il serait gracieux de laisser au marchand l'espérance de vous voir revenir.

Visites des malades.

Lorsque vous entrez dans la chambre d'un malade pour le visiter, allez droit à son lit. Que votre premier salut, vos premières paroles soient pour lui ! Agir autrement serait contraire aux égards que vous lui devez. Si vous vous attardez à parler aux personnes de la maison, le malade s'impatientera et vous pourrez l'indisposer contre vous.

Au contraire, si, comme la politesse le demande, vous vous occupez de lui d'abord et beaucoup plus de lui que des autres, vous lui serez agréable et vous pourrez lui faire du bien.

Évitez de parler trop haut, ce qui fatigue beaucoup les personnes qui souffrent et sont affaiblies par la maladie ; évitez non moins de parler trop bas, ou de faire répéter votre malade, ce qui lui serait pénible.

La visite à un malade doit être de

courte durée, afin de ne pas le gêner. Un mot d'encouragement convient, mais les longues exhortations seraient mal venues.

Nous renverrons les religieuses, appelées par leur ministère à séjourner auprès de leur malade, au *Manuel de la garde-malade à domicile*, chez M. Ch Poussielgue, 15, rue Cassette, Paris. Elles y trouveront le détail de leurs obligations.

TROISIÈME PARTIE

DU LANGAGE

Le langage est la manière d'exprimer sa pensée.

Il impose à la religieuse plusieurs obligations : elle doit respecter *la langue française*; respecter *ceux à qui elle parle;* se respecter *elle-même.*

CHAPITRE PREMIER

RESPECT DÛ A LA LANGUE

La religieuse évitera : 1° le *patois*, ou manière défectueuse de parler, propre à certaines contrées, par exemple : *J'avas* pour *j'avais*, etc.

2° Le *jargon*, langage particulier à certaines catégories de gens et, à plus forte raison, l'*argot*, jargon de gens mal famés. Une religieuse perdrait dans l'estime des personnes honnêtes, si elle avait à la bouche quelques-unes de ces expressions, ou si seulement elle laissait croire qu'elle est parfaitement au courant de ce langage.

3° Le *grasseyement* (défaut, quoiqu'on dise), qui *engraisse les r*, au lieu de leur laisser la prononciation sèche qui leur convient.

4° Les *cuirs* et les *velours*. L'emploi vicieux de l'*s* se nomme *cuir;* celui du *t* s'appelle *velours*, et l'on comprend les cuirs et les velours, sous la désignation générale de *pataquès*. Par exemple : *Il a-t-eu*, pour *il a eu*, — *ce n'est point-z-à moi*, pour *ce n'est point à moi*, ou *ce n'est pas-t-à lui*, etc., etc.

En vous parlant *z*'ainsi, je dois *t*'être écouté.

5° Les fautes de prononciation, les locutions mauvaises, les phrases incorrectes, les élisions vicieuses, etc., etc.

Ces fautes sont nombreuses et fréquentes. Nous croyons devoir signaler ici les plus répandues :

PRONONCIATION DÉFECTUEUSE ET MOTS INCORRECTS

On ne dit pas :	*On dit :*
Aller à croche-pied	Aller à cloche-pied
Apprentif, apprentive	Apprenti, apprentie
Astérique, aveindre	Astérisque, atteindre.

On ne dit pas :	*On dit :*
Belsamine	Balsamine.
Berloque	Breloque.
Bronchique	Bronchite.
Cacaphonie	Cacophonie.
Chaircutier	Charcutier.
Chrétienneté	Chrétienté
Cercifis	Salsifis.
Colidor	Corridor.
Chaquin	Chacun.
Chat angola	Chat angora.
Disparution	Disparition.
Diffigulté	Difficulté.
Échaffourée	Échauffourée.
S'échigner	S'échiner.
Enverjure	Envergure.
Épica	Ipéca
Exemp, peup	Exemple, peuple.
Estomaque	Estomac.
Franchipane	Frangipane.
Fosseyeur	Fossoyeur.
Fatikant	Fatigant.
Fieuvre	Fièvre.
Gisier	Gésier.
Une gastrique	Une gastrite.
Lavier	Évier.
La loué	La loi.
In	Un.

On ne dit pas :	*On dit :*
Mairerie	Mairie.
Ormoire	Armoire.
Plurésie	Pleurésie.
Prune reine-glaude	Prune reine-claude.
Palterre	Parterre.
Une portion (remède)	Une potion.
Perclue	Percluse.
Poussiéreux	Poudreux.
Revange	Revanche.
Ramarrer	Raccommoder.
Récipissé	Récépissé.
Subzistance	Subsistance.
Tête d'oreiller	Taie d'oreiller.
Tabaque	Tabac.
Trémondate	Tramontane.
Voix de Centaure	Voix de Stentor.

Fréquemment, les mots se terminant par *isme* sont prononcés comme s'ils se terminaient en *isse*. Trop souvent on dit *sinapisses* pour *sinapismes ;* — *exorcisse* pour *exorcisme ;* — *catéchisse* pour *catéchisme*, etc.

MOTS FRANÇAIS OÙ LA LETTRE H S'ASPIRE

Ha!
Hâbleur.
Hache.
Hacher.
Hachis.
Hagard.
Haie.
Haillon.
Haine.
Haïr.
Haire.
Halage.
Hâle.
Haletant.
Halle.
Hallebarde.
Hallier.
Halte.
Hamac.
Hameau.
Hampe.
Hanche.
Hanneton.
Happer.
Harangue.
Haranguer.
Harangueur.
Haras.
Harasser.
Harceler.
Hardes.
Hardi.
Hardiesse.
Hardiment.
Hareng.
Hargneux.
Haricot.
Haridelle.
Harnais.
Harpe.
Harpon.
Hasard.
Hasarder.
Hâte.
Hâter.
Hâtif.
Haussement.
Hausser.
Haut.
Hautain.
Hauteur.
Hâve.
Hâvre-sac.
Hennir.
Hennissement.
Héraut.
Hère.
Hérisser.
Hérisson.
Hernie.
Héron.
Héros.
Herse.
Hêtre.
Heurter.
Hibou.
Hideux.
Hiérarchie.
Hisser.
Hocher.
Hochement.
Hochet.
Homard.
Honnir.
Honte.
Honteusement.
Honteux.
Hoquet.

MOTS FRANÇAIS OÙ LA LETTRE H S'ASPIRE

(*Suite.*)

Horde.	Houppelande.	Huit.
Hormis.	Hourra!	Huitaine.
Hors.	Housse.	Humer.
Hors-d'œuvre.	Houx.	Hussard.
Hotte.	Hoyau.	Huppe.
Houe.	Huche.	Hure.
Houblon.	Huer.	Hurler.
Houille.	Huée.	Hurlement.
Houlette.	Huguenot.	Hutte.

Dans les mots commençant par *hy*, l'*h* est toujours muet.

NOMS SUR LE GENRE DESQUELS ON SE TROMPE QUELQUEFOIS

Sont masculins :

Abîme.	Air.	Alcès.
Acajou.	Ais.	Alvéole.
Acide.	Alambic.	Amalgame.
Acte.	Albâtre.	Amiante.
Adage.	Album.	Amict.
Aérolithe.	Alcali.	Amidon.
Age.	Almanach.	Animalcule.

NOMS SUR LE GENRE
DESQUELS ON SE TROMPE QUELQUEFOIS

(*Suite.*)

Sont masculins :

Antidote.
Antre.
Après-dîner.
Après-midi.
Après-souper.
Apologue.
Armistice.
Argent.
As.
Astérisque.
Asthme.
Atre.
Auditoire.
Autel.
Automate.
Balustre.
Calque.
Chrysanthème.
Décombres.
Ellébore.
Émétique.
Emplâtre.
Empois.
Entr'acte.
Épi.
Épiderme.
Épisode.
Érysipèle.
Esclandre.
Évangile.
Exorde.
Hanneton
Hémisphère.
Hiéroglyphe.
Hospice.
Hôtel.
Incendie.
Indice.
Intervalle.
Isthme.
Ivoire.
Légume.
Mânes.
Monticule.

(*Suite*)

Sont masculins :

Obélisque.
Obus.
Omnibus.
Ongle.
Opprobre.
Opuscule.
Organe.
Ouvrage.
Paraphe.
Pédicule.
Pétale.
Pistil.
Pleur.
Renne.
Salsifis.
Socque.
Squelette.
Tubercule.
Ulcère.
Uniforme.
Ustensile.
Vestige.

Sont féminins :

Absinthe.
Acanthe.
Agapes.
Agrafes.
Aire.
Alcôve.
Amnistie.
Ancre.
Anse.
Argile.
Arrhes.
Artère.
Astuce.
Atmosphère.
Avant-scène.
Dinde.
Ébène.
Échappatoire.
Écritoire.
Églogue.
Enclume.
Encre

(*Suite*)

Sont féminins :

Énigme.
Épigramme.
Épitaphe.
Épithète.
Épître.
Équerre.
Équivoque.
Esquisse.
Estafette.
Estampe.
Fibre.
Horloge.
Image.
Jujube.
Nacre.
Oasis.
Ocre.
Offre.
Oriflamme.
Paroi.
Pédale.
Prémices.
Patère.
Quinine.
Salamandre.
Sentinelle.
Ténèbres.
Vedette.

Sont du genre masculin ou du genre féminin selon la signification :

Masculin :

Aide : Celui qui aide.
Aune : Arbre.
Cartouche : Ornement de sculpture, de peinture ou de gravure.
Couple : Le père et la mère.
Crêpe : Étoffe de deuil.
Critique : Celui qui juge les ouvrages d'esprit ou d'art.
Enseigne : Officier de marine, porte-drapeau.

Foret : Instrument pour percer des trous.
Garde : Celui qui surveille, gardien.
Greffe : Secrétariat d'un tribunal.

Guide : Celui qui conduit une personne.

Livre : Volume, subdivision d'un ouvrage.
Manche : La partie d'un outil par laquelle on le tient.
Manœuvre : Aide-maçon, aide-couvreur.
Mémoire : État des travaux exécutés par un entrepreneur.
Mode : Méthode, l'une des six manières de présenter l'action exprimée par le verbe.

Féminin :

Aide : Assistance.
Aune : Ancienne mesure de longueur.
Cartouche : Charge d'une arme à feu.

Couple : Une paire, deux objets semblables.
Crêpe : Pâte frite
Critique : L'art de juger les productions littéraires, les ouvrages d'art.
Enseigne : Indice pour faire reconnaître quelque chose; inscription sur une boutique.
Forêt : Grande étendue couverte d'arbres.
Garde : Action de garder; troupe armée.
Greffe : Petite branche d'un arbre qu'on ente sur un autre arbre.
Guide : Lanière de cuir qui sert à diriger les chevaux.
Livre : Poids de 500 grammes; ancienne mesure.
Manche : Partie du vêtement où l'on met le bras.
Manœuvre : Mouvement de troupes.
Mémoire : Faculté de se souvenir.

Mode : Usage passager qui dépend du goût et du caprice.

Masculin :

Moule : Forme creuse d'un objet.

Mousse : Jeune apprenti matelot.

Office : Devoir, charge, emploi, assistance, service, service religieux.

Page : Jeune garçon attaché au service d'un prince.

Parallèle : Comparaison d'une chose ou d'une personne avec une autre.

Pendule : Poids suspendu à l'extrémité d'un fil et oscillant régulièrement.

Période : Le plus haut point, le plus haut degré.

Poêle : Drap mortuaire ; appareil de chauffage.

Poste : Lieu assigné à quelqu'un pour un office quelconque.

Pourpre : Rouge foncé, tirant sur le violet.

Relâche : Cessation momentanée d'un travail, d'une douleur.

Solde : Complément d'un paiement, différence entre le débit et le crédit d'un compte.

Somme : Sommeil.

Souris : Action de sourire, son résultat.

Tour : Mouvement circulaire ; trait de ruse ; machine de tourneur.

Féminin :

Moule : Coquillage bon à manger.
Mousse : Plante ; écume.
Office : Chambre où l'on prépare et où l'on garde les vivres.
Page : L'un des côtés d'un feuillet de papier.

Parallèle : Ligne partout également distante d'une autre.
Pendule : Sorte d'horloge.

Période : Espace de temps.

Poêle : Ustensile de cuisine.
Poste : Relais de chevaux pour le transport des voyageurs ; administration publique pour le transport des lettres.
Pourpre : Matière rouge fournie par la cochenille ; dignité royale ; dignité des cardinaux.
Relâche : Séjour momentané dans un port ; lieu où peuvent relâcher les vaisseaux.
Solde : Paye des troupes.

Somme : Quantité quelconque d'argent.
Souris : Petit animal du genre rat.
Tour : Bâtiment élevé, rond, ou à plusieurs faces.

Masculin :

Trompette : Celui qui sonne de la trompette.
Vague : Ce qui manque de précision.
Vase : Ustensile de cuisine.
Voile : Ce qui sert à couvrir ou à cacher quelque chose; pièce de dentelle dont les femmes se couvrent le visage.

Féminin :

Trompette : Instrument à vent.
Vague : Eau agitée de la mer, d'un fleuve.
Vase : Bourbe.
Voile : Assemblage de pièces de toile, que l'on attache aux vergues des mâts pour recevoir le vent.

MOTS ÉTRANGERS OU MOTS DONT LA PRONONCIATION EST EMBARRASSANTE

Achab *se prononce*......... Akab.
Album..................... Albome.
Alger..................... Algé.
Almanach.................. Almana.
Aloès..................... Aloesse
Anachorète................ Anakorète.
Ananas... .... Anana.
Août...................... Oût.
Appendice................. Appindice.
Aquarelle................. Acouarelle.
Aquatique................. Acouatique.
Archélaüs................. Arkélaüs.
Archiépiscopal............ Arkiépiscopal.
Archontes................. Arkontes.
Argutie................... Argucie.
Arsenic................... Arseni.
As (carte)................ Asse.
Asthme.................... Asme.
Auxerre................... Ausserre.
Bacchus................... Bakusse.
Balsamique... .... Balzamique.
Baruch.................... Baruk.
Barwick................... Barouik.
Baptiser.................. Batiser.

Baptismal *se prononce* ...... Batismal.
Beafteak.................. Bifteck.
Benjoin................... Binjoin.
Bis (brun)................ Bi.
Bis (encore une fois)....... Bisse.
Blocus.................... Blocuss.
Brunswick................. Bronsvik.
Bruxelles................. Brusselles.
Byron..................... Biron.
Caen...................... Kan.
Caleçon................... Kalson.
Catéchumène............... Katékumène.
Cerf...................... Cer.
Charybde.................. Karybde.
Chaos..................... Kaos.
Chenil.................... Cheni.
Chersonèse................ Kersonnèse.
Chiromancie............... Kiromancie.
Choléra................... Koléra.
Chœur..................... Kœur.
Choriste.................. Koriste.
Curaçao................... Kurasso.
Damnation................. Danation.
Décemvir.................. Décemmvir.
Décorum................... Décoromme.
District.................. Distric.
Dompter................... Domter.
Dompteur.................. Domteur.

Dot *se prononce*...........	Dotte.
Douairière...............	Douarière.
Duguesclin...............	Duguéclin.
Duquesne.................	Duquêne.
Ecchymose................	Ekymose.
Enivrer..................	Anivrer.
Ennoblir.................	Annoblir.
Ennui....................	Annui.
Enorgueillir.............	Anorgueillir.
Équateur.................	Ékouateur.
Équestre.................	Ékuestre.
Équilatéral..............	Ékuilatéral.
Estomac..................	Estoma.
Et cætera................	Ett cétèra.
Étang....................	Étan.
Exarchat.................	Exarkat.
Exempté..................	Exenté.
Ezéchias.................	Ezékias.
Facétie..................	Facécie.
Faon.....................	Fan.
Factotum.................	Factotomme.
Flux.....................	Flu.
Gangrène.................	Cangrène.
Gentiane.................	Genciane.
Geôlier..................	Jôlier.
Géranium.................	Géraniome.
Gluten...................	Glutène.
Groom....................	Groume.

Guadeloupe *se prononce*....	Gouadeloupe.
Indemniser................	Indamniser.
Inertie..................	Inercie.
Inexpugnable..............	Inexpuguenable.
Inhérent................	Inéran.
In-octavo................	Inne-octavo.
Laon....................	Lan.
Laps....................	Lapce.
Laudanum................	Laudanomme.
Lest....................	Leste.
Lichen..................	Likène.
Linceul.................	Linseul.
Liverpool...............	Liverpoul.
Mat (compact)...........	Matte.
Maximum.................	Maximomme.
Marlborough.............	Malbrou.
Melchior................	Melkior.
Melchisédech............	Melkisédek.
Memento.................	Méminto.
Ménil-Montant...........	Méni-Montant.
Michel-Ange.............	Mikel-Ange.
Mil.....................	Mi.
Millet..................	Miyé.
Minimum.................	Minimomme.
Minutie.................	Minucie.
Nabuchodonosor..........	Nabukodonosor.
Necker..................	Nekre.
Nerfs...................	Ner.

New-York *se prononce*......	Neu-York.
Ochosias..................	Okosias..
Œufs......................	Eux.
Oignon....................	Ognon.
Orang-outang..............	Oran-outan.
Orchestre.................	Orkestre.
Osciller..................	Oscil-ler.
Paon......................	Pan.
Pensum....................	Pinsomme.
Pestilentiel..............	Pestilenciel.
Phtisie...................	Ftisie.
Portion...................	Porcion.
Pouls.....................	Pou.
Préséance.................	Précéance.
Punch.....................	Ponche.
Quadragénaire.............	Kouadragénaire.
Quintal...................	Kintal.
Quintuple.................	Quintuple.
Reflux....................	Reflu.
Roide.....................	Raide.
Roideur...................	Raideur.
Saône.....................	Sône.
Sandwich..................	Sandouiche.
Saoul.....................	Sou.
Second....................	Segond.
Sculpture.................	Sculture.
Serf......................	Serfe.
Schah (de Perse)..........	Châ.

Solennité *se prononce*.......	Solanité.
Sourcil....................	Sourci.
Spencer....................	Spincer.
Staël......................	Stal.
Stagnant...................	Staguenant.
Sthatouder.................	Statoudère.
Suprématie.................	Suprémacie.
Tabac......................	Taba.
Times......................	Taïms.
Taon.......................	Tan.
Théocratie.................	Théocracie.
Toast......................	Toste.
Transes....................	Trances.
Transir....................	Trancir.
Transylvanie...............	Trancilvanie.
Utrecht....................	Utrec.
Vis........................	Vice.
Wagram.....................	Vagram.
Wasinghton.................	Ouasingtone.
Waterloo...................	Vaterlo.
Wellington.................	Vellington.
Westminster................	Ouestminstère.
Wighs......................	Ouigh.
William....................	Ouilliame.
Wiski......................	Ouiski.
Xante......................	Gzante.
Xavier.....................	Kzavier.

LOCUTIONS DÉFECTUEUSES

On ne dit pas :

Être agonisé ou agoni de sottises.
Réguiser un canif.
Une bailleuse de fonds.
Il brouillasse.
Une pomme de Calvi.
Il ne décesse de parler.
Ce moment ici, cette maison ici.
Vous contredites tout le monde.
Vous vous dédites.
Vous interdites, vous prédites, vous médítes.
Des écailles de noix.
C'est une faute d'attention.
Des jeux d'eau.
Une fièvre maline.
Des poires de misser Jean.
Mettre ses souliers dans ses pieds.
De l'eau de fleur d'orange.
Palissader des pêchers.
Une rue passagere.
Tant pire, de pire en pire
Traverser le pont.
A conduire.
S'amener.
Ce malade est poumonique.
Un vieillard rachétique.

On dit :

Être accablé de sottises.
Aiguiser un canif.
Une bailleresse de fonds.
Il bruine.
Une pomme de Calville.
Il ne cesse de parler.
Ce moment-ci, cette maison-ci.
Vous contredisez.
Vous vous dédisez.
Vous interdisez, vous prédisez, vous médisez.
Des écales de noix.
C'est une faute d'inattention.
Des jets d'eau.
Une fièvre maligne.
Des poires de messire-jean.
Mettre ses pieds dans ses souliers.
De l'eau de fleur d'oranger.
Palisser des pêchers.
Une rue passante, fréquentée.
Tant pis, de pis en pis.
Passer le pont.
Conduire.
Venir.
Ce malade est pulmonique.
Un vieillard rachitique.

On ne dit pas :

Rancuneur, rancuneuse.
Renverser de l'eau.
A revoir.
Jouir d'une mauvaise santé.

Trayer, trayage.
Un joli râtelier.
Éduquer.
Embêter, embêtant.
Endêver.
Il craque, il blague.
Blagueur, hâbleur.
Bougonner.
Une bonne trotte.
Faire bisquer, faire rager.
Être éreinté.
Avoir de l'usage.
Cossu.
Poussiéreux.
Faire des morales.
Votre chaise est sur moi.
Bon ou mauvais genre.
A la bonne flanquette.
S'épater, s'étaler.
Serviette à linteaux.
Cet homme est puissant.

On dit :

Rancunier, rancunière.
Répandre de l'eau.
Au revoir.
Avoir une mauvaise santé, être d'une mauvaise santé.
Trier, triage.
De belles dents.
Élever.
Ennuyer, ennuyeux.
Impatienter.
Il ment.
Menteur, bavard.
Gronder, murmurer.
Une longue course.
Contrarier, impatienter.
Être fatigué.
Avoir l'usage du monde.
Opulent.
Poudreux.
Faire la morale.
Votre chaise est sur ma robe.
Bon ou mauvais goût.
A la bonne franquette.
Tomber, s'étendre.
Serviette à liteaux.
Cet homme a de l'embonpoint.

On ne dit pas :

Une hémorragie de sang.
Je me suis payé un chapeau.
Quoique ça.
On l'a roulé.
Il lui a dit des sottises.
Il est fendant.
Lire sur le journal.
Remplir son but.
Vendre du légume.
Recevoir une annale.
Vers les une heure, vers les midi.
La vacance.
Flouer, enfoncer.
Gamin, moutard.
Une raclée.
Boire un coup.
Manger un morceau.
Être reçu prêtre.
Il a perdu la boule.
Être colère contre quelqu'un.
Indépendamment que.
Une forêt ombrageuse.
Midi ou minuit sont sonnés.
Midi ou minuit précise.
Saigner au nez, au bras.
Imiter un exemple.

On dit :

Une hémorragie.
Je me suis acheté un chapeau.
Malgré ça.
On l'a trompé.
Il lui a dit des injures.
Il est présomptueux.
Lire dans le journal.
Atteindre son but.
Vendre des légumes.
Recevoir des annales.
Vers une heure, vers midi.
Les vacances.
Tromper.
Enfant.
Une volée de coups.
Se rafraîchir.
Prendre une légère réfection.
Être ordonné prêtre.
Il s'est troublé.
Être en colère contre quelqu'un.
Indépendamment de...
Une forêt ombreuse.
Midi ou minuit est sonné.
Midi ou minuit précis.
Saigner du nez, du bras.
Suivre un exemple.

On ne dit pas :

Je vous tiens gré.
Je vous demande excuse.
A pure perte.
Une fortune conséquente.
Bien que j'en fus sûre.
Il a tombé.
J'ai promené ce matin.
On nous a servi du bon pain, de la bonne viande.
L'étude que j'aime la mieux.
Les prières que je lis les plus volontiers.
Huit heures moins le quart.
C'est pas lui.
Je sais pas.
Aimer rire, jouer, étudier.
Faut bien.
Je vais changer.
En face l'église.
Vingt-un.
Dix heures et quart.
Rester dîner.
Dépêchez-vous vite.
Un petit peu.
Sortir dehors.
Monter en haut.
Descendre en bas.
Il est trois heures d'horloge.

On dit :

Je vous sais gré.
Je vous demande pardon, je vous fais des excuses.
En pure perte.
Une fortune considérable.
Bien que j'en fusse sûre.
Il est tombé.
Je me suis promené.
On nous a servi de bon pain, de bonne viande.
L'étude que j'aime le mieux.
Les prières que je lis le plus volontiers.
Huit heures moins un quart.
Ce n'est pas lui.
Je ne sais pas.
Aimer à rire, à jouer, à étudier.
Il faut bien.
Je vais changer de linge.
En face de l'église.
Vingt et un.
Dix heures un quart.
Rester à dîner.
Dépêchez-vous.
Un peu.
Sortir.
Monter.
Descendre.
Il est trois heures.

DES ÉLISIONS VICIEUSES

L'*élision* est le retranchement d'une syllabe. Il y a des *élisions vicieuses* qu'il faut éviter avec soin, par exemple :

On ne dit pas :	*On dit :*
Msieu.	Monsieur.
Mame.	Madame.
Mamzelle.	Mademoiselle.
Mécredi.	Mercredi.
Dmeurer.	Demeurer.
Tout suite.	Tout de suite.
Not, vot.	Notre, votre.
Révrend.	Révérend.

CHAPITRE II

RESPECT DÛ AUX PERSONNES A QUI ELLE PARLE

Ce respect exige : 1° Que la religieuse ne s'approche pas trop de la personne à qui elle parle, qu'elle ne fasse pas jaillir sur elle de la salive. Cela arrive facilement quand les dents manquent dans le devant de la bouche.

2° En compagnie, ne parlez pas à l'oreille de quelqu'un, ni à voix basse afin que les autres ne puissent entendre. Si un secret est à dire immédiatement, priez la personne, à qui vous voulez le communiquer, de sortir un instant, ou tout au moins retirez-vous dans un coin de l'appartement.

3° Désignez chacun comme l'usage et les convenances le demandent.

Ainsi on dit *Monsieur* aux hommes, *Madame* aux femmes mariées, *Mademoiselle* aux femmes non mariées.

Le mot *Monsieur* ne convient pas à tous les hommes indistinctement. Généralement on ne le donne pas aux religieux. On les appelle *Mon Père*, ou *Mon Révérend Père ;* de plus, on appelle le Pape, *Très-Saint Père* ou *Sainteté ;* les rois ou les empereurs, *Sire* ou *Majesté ;* les cardinaux, *Éminence ;* les princes du sang, les archevêques, les évêques, *Monseigneur*. On peut aussi désigner les princes sous le nom d'*Altesse ;* les mots *Grandeur*, *Excellence*, *Révérence* conviennent, le premier aux évêques, le second aux ministres et aux ambassadeurs, le troisième aux religieux constitués en dignité.

Il faut toujours employer ces différents appellatifs quand on adresse la parole à quelqu'un ; la répétition n'en doit pas être trop fréquente ; mais elle est de rigueur après les monosyllabes *oui* et *non*.

Il faut encore s'en servir quand on désigne, par leur nom, des personnes absentes. On déroge à cette règle pour les grands hommes morts depuis longtemps. Il serait aussi ridicule de dire *Monsieur Bossuet*, *Monsieur Racine*, que de dire *Richard* en parlant de l'Archevêque de Paris.

Enfin, il est respectueux de dire, en parlant à quelqu'un de ses proches parents, *Monsieur votre Père*, *Mademoiselle votre Sœur*, etc., ou *Monsieur X...* Mais on dira : « *Je parlerai à votre cousine.* »

L'emploi des mots *dame* et *demoiselle* donne lieu à quelques remarques particulières. On peut dire avec l'adjectif démonstratif : *Cette dame, ces demoiselles ;* ou avec un nom de nombre, *une dame, deux demoiselles ;* mais l'usage proscrit des locutions comme celles-ci : « *Comment se porte votre Dame ? Vous avez une demoiselle bien aimable.* » Il faudrait dire : « *Comment se porte Madame X... ? — Vous avez une fille bien aimable* », ou : « *Mademoiselle votre fille est bien aimable.* »

Lorsque vous parlez à une personne qui a un titre, une dignité, il faut énoncer ce titre, cette dignité, après les mots Monsieur, Madame.

Vous direz donc : *Monsieur le Baron*, *Madame la Marquise*. Vous direz aussi : *Monsieur le Vicaire général*, *Monsieur le Chanoine*, *Monsieur le Cure*, *Monsieur le Supérieur*, *Monsieur l'Aumônier*. On se sert de l'expression de *Monsieur l'Abbé* pour tout ecclésiastique, dont l'office ne constitue pas un titre ou une dignité, ou dont on ne connait pas la fonction.

Quand vous avez énoncé ces divers titres en abordant celui qui y a droit, vous pouvez les mettre dans le cours de la conversation.

Il y a un choix à faire entre les expressions au moyen desquelles s'énoncent les relations de famille.

Les mots *époux*, *épouse* sont bannis de la conversation. On peut employer les mots *mari*, *femme* en parlant de ceux-ci en leur absence, mais ils ne sont jamais de mise quand on parle à un mari de sa femme ou à une femme de son mari. Pour ce dernier cas, au lieu de dire : *Offrez mon respect à votre femme*, ou *à Madame votre femme*, ou *à votre Dame*, il faudrait dire, en employant le nom propre : *à Madame X...*

Quand on désigne les enfants de parents absents, on dit : *leur fils*, *leur fille*. On peut dire aussi, en s'adressant à un père, *Monsieur votre fils*. Mais en présence des parents, il faut remplacer le mot *fille* par le nom de famille ou le nom de baptême ; *Mademoiselle Marie*, *Mademoiselle X...* Le père et la mère diront : *ma fille*. Nous avons déjà signalé l'inconvenance du mot *demoiselle* substitué, dans tous ces cas, au mot *fille*. *Votre demoiselle* est une expression condamnée.

Il n'est pas de bon ton de désigner un enfant, un jeune homme par le mot *garçon*. Ainsi on ne dira pas, en parlant à un père : *Votre garçon*. Il ne serait pas même convenable de se servir de ce terme pour désigner un domestique, si ce n'est dans un restaurant.

Les formules de politesse varient avec l'âge, la position sociale, la situation hiérarchique de ceux avec lesquels on traite. Supposons qu'on demande un service : *Voudriez-vous avoir la bonté... Veuillez avoir la bonté de...* sont des formules un peu solennelles et qui conviennent à des Supérieurs. Si le mot *bonté* est remplacé par le mot *obligeance*, il en résulte une nuance qui suppose des relations plus familières. — En parlant à des égaux ou à des inférieurs, on dira : *Voulez-vous, s'il vous plaît*. Demander un objet en l'énonçant simplement est toujours une impolitesse, même lorsqu'on s'adresse à un domestique ; il est mieux d'ajouter : *s'il vous plaît*.

4° La religieuse parle pour être comprise. C'est pourquoi elle veillera à être entendue. Il est pénible à un auditeur d'être obligé de prêter une oreille très attentive pour entendre ce qui se dit, et encore d'être contraint, ou de ne pas tout entendre, ou de faire répéter ce qui a été dit. A cette fin, il est important de bien articuler les consonnes. Cependant il serait impoli de parler à tue-tête, de façon à assourdir les auditeurs.

Les personnes qui *bégayent* doivent parler très lentement, si elles veulent diminuer leur défaut et se faire entendre. Il en est de même de celles qui *bredouillent*. Il est souvent possible de se corriger avec un peu d'attention. Certains physionomistes prétendent que le bredouillement annonce l'étourderie.

La timidité est parfois cause du *balbutiement*. Savoir se posséder, demeurer calme et maître de ses paroles suffit, le plus souvent, pour le faire disparaître.

5° Les convenances veulent que la religieuse bannisse de son langage tout mot, tout membre de phrase qui ne dit rien et ne sert à rien. Cette habitude se contracte facilement avec un peu d'attention. Certaines personnes ne peuvent dire deux mots sans ajouter : *Pour sûr*, — *alors* — *effectivement* — *c'est le cas de le dire* (quand souvent ce n'est pas le cas), — *n'est-ce pas* — *eh bien.* — Un jour, pendant une conversation d'une petite demi-heure, j'ai relevé 119 fois cette locution. Comme j'en faisais la remarque à mon interlocutrice, elle s'exclama : *Eh bien, non ! ce n'est pas possible !* ce qui portait le nombre à 120.

6° Les convenances excluent impitoyablement toute expression banale, grossière, malséante, telles que : *embêter*, *parbleu*, *ma parole*, *mâtin*, etc., etc. Elles prescrivent de s'abstenir de tout ce qui pourrait paraître un manque de respect pour la religion, de prononcer à chaque instant le mot : *Mon Dieu*, *ma foi*, etc., de se servir de ces expressions: *morbleu*, *parbleu*, etc.

7° La religieuse doit être très sobre de compliments. Si elle s'en permet quelquefois, qu'ils soient toujours vrais, délicats et discrets. Une louange trop directe embarrasse et blesse souvent au lieu d'être agréable.

Je veux que l'on soit vrai, et qu'en toute rencontre
Le fond de notre cœur dans nos discours se montre;
Que ce soit lui qui parle, et que nos sentiments
Ne se masquent jamais sous de vains compliments.

CHAPITRE III

RESPECT QUE LA RELIGIEUSE SE DOIT A ELLE-MÊME

La religieuse sera toujours modeste dans son langage. Le *je* et le *moi* égoïstes ne reviendront pas sans cesse sur ses lèvres. Son ton ne sera pas tranchant. Elle ne se louera pas elle-même et ne vantera jamais ses actes. En un mot, rien ne doit dénoter la vanité, l'amour-propre et l'orgueil.

D'elle-même elle parlera peu et toujours avec beaucoup de modestie.

La simplicité doit être sa compagne inséparable. Elle ne cherchera point de circonlocutions, de périphrases, pour exprimer les choses les plus simples.

Elle évitera les grands mots, les expressions trop techniques, etc., etc.

Jamais le mensonge n'effleurera ses lèvres. Elle conservera à la vérité tous ses droits. L'altérer serait se déconsidérer elle-même. L'exagération, l'amplification dans ses récits ne lui sont point permises.

La charité sera toujours respectée. Critiquer, blâmer, surtout les absents, en médire, etc., serait indigne d'elle.

De ses Supérieurs, du clergé, de la religion, elle parlera avec respect.

S'il s'agit de malades, ou de maladies, ou de tout autre sujet, elle veillera à ce qu'aucune expression ne soit employée qui puisse choquer l'oreille la plus délicate.

La discrétion et le tact lui inspireront ce qu'elle devra dire, ce qu'elle devra taire, ce que les convenances permettent, ce qu'elles défendent.

Elle parlera volontiers : plus volontiers encore elle écoutera et jamais ne cherchera à dominer la conversation.

Elle prouvera, par son attitude, que ces vers ne sont qu'une vilaine calomnie :

Qu'une femme parle sans langue,
Et fasse même une harangue,
Je le crois bien.

Qu'ayant une langue au contraire,
Une femme puisse se taire,
Je n'en crois rien.

LE DÉCALOGUE DE LA CONVERSATION

1. Parleras peu, beaucoup ouïras
Sans interrompre impoliment.

2. Le naturel tu garderas
Et le bon ton soigneusement.

3. Un diapason tu choisiras
Qui ne fatigue aucunement.

4. Le goût d'autrui consulteras
Sans te lancer imprudemment.

5. Les plus beaux faits raconteras
Sans détailler trop longuement.

6. Aucun sujet n'épuiseras,
Jusqu'à la fin, absolument.

7. Jamais autrui tu ne loueras
Pour être loué semblablement.

8. Sincère et bienveillant seras
Et ne mordras point méchamment.

9. Tous les malades tu plaindras,
Mais les infirmes rarement.

10. Ton opinion exposeras
Et discuteras humblement.

QUATRIÈME PARTIE

DE LA CORRESPONDANCE ÉPISTOLAIRE

CHAPITRE PREMIER

DES LETTRES EN ELLES-MÊMES

Les relations épistolaires sont devenues très fréquentes. Une religieuse ne peut s'y soustraire. Elle évitera toutefois la manie de ces personnes du monde, qui cherchent à se rendre, ou à se faire croire importantes par le grand nombre de lettres qu'elles écrivent ou reçoivent.

Rendre aussi rares que possible ses relations épistolaires, veiller attentivement sur ce qu'elle écrit, observer les règles de la grammaire, les convenances et, par-dessus tout, les règles de son Institut, est le devoir de la religieuse dans sa correspondance.

Qu'il est important de ne rien écrire qui soit compromettant ou puisse être mal interprété. « *Trop parler nuit.* » — « *Trop écrire nuit davantage encore* », car ce proverbe est vrai : « *Les paroles volent, les écrits demeurent.* » De plus, vos lettres peuvent s'égarer chez des personnes étrangères et indiscrètes.

Avant d'écrire, dites-vous à vous-même : *Si ce que je vais écrire était divulgué, n'aurais-je pas à me repentir de l'avoir écrit ?*

Soyez vous-même très discrète pour les lettres que vous recevez. Il ne vous est pas permis de les communiquer contrairement à la volonté ou à l'intérêt de leur auteur. Ne vous contentez pas de les déchirer, le mieux est de les brûler. Il est des personnes assez indélicates pour chercher à reconstituer une lettre à l'aide des fragments.

Rappelez-vous toujours ce qui suit :

1° Le secret des lettres est inviolable. Décacheter, lire une lettre adressée à une autre est une faute et une très grave indiscrétion.

2° Ne lisez pas du coin de l'œil ce qu'un autre écrit; ne regardez point furtivement les papiers d'un tiroir ou d'un meuble quelconque que l'on ouvre devant vous ; n'examinez pas ce qui se trouve sur le bureau de quelqu'un ; ne feuilletez jamais un cahier ou un registre, encore moins un carnet.

3° Si quelqu'un vous présente une lettre où il est parlé de vous, ou de ce qui vous intéresse, lisez le strict nécessaire et rien de plus.

4° Il est inconvenant de commencer à lire une lettre tout haut et de la continuer tout bas. Avant de commencer à lire, voyez si rien ne vous empêche d'aller jusqu'à la fin.

5° En compagnie, il est impoli de lire une lettre ou un billet. Si vous le voulez faire, vous en demandez la permission, et vous retirez un peu à l'écart.

6° Il faut avoir le courage de signer ce que l'on écrit. Une lettre anonyme est une lâcheté et une infamie.

Vous tiendrez compte de l'âge, de la situation, de la qualité des personnes à qui vous écrivez. Avec un Supérieur, avec une égale, un enfant, un vieillard, un étranger, un parent, etc., les rapports ne peuvent être les mêmes.

Dans les lettres à vos Supérieurs, les sentiments affectueux et respectueux doivent se donner rendez-vous. Toute demande, toute observation, voire même les plaintes, seront énoncées avec réserve et dans un langage toujours digne.

Si une personne sollicite une faveur ou un service que vous ne pouvez accorder, votre refus sera toujours formulé de façon à en atténuer ce qu'il a de pénible.

Pour écrire à quelqu'un, il faut avoir un motif sérieux. Toute lettre écrite sans but est un bavardage inutile.

Certaines lettres n'admettent qu'un seul sujet. Il en est ainsi toutes les fois que le sujet a une telle gravité que l'impression ressentie soit censé devoir exclure tout autre souvenir et tout autre sentiment.

Vous faites part à une personne d'une nouvelle profondément triste; vous venez d'assister à la mort d'une personne chère et vous écrivez les différents incidents de cette scène douloureuse; ou encore, ce sont des compliments de condoléance que vous adressez à une personne, au sujet d'une perte cruelle qu'elle vient d'éprouver, il se conçoit aisément que la diversité d'objets doit être bannie de ces lettres.

Que votre style soit *clair*, *simple*, pour les raisons exprimées dans la partie du *Langage*. Qu'il soit *précis*. Evitez avec soin les longueurs, les répétitions, etc. (Quand une personne occupée reçoit une lettre de huit pages, elle pousse un gémissement.) Qu'il soit *correct*. Respectez la langue et l'orthographe.

Cependant, ne soyez pas trop étonnée de rencontrer quelquefois dans les lettres même de personnes habiles, ou que vous croyez telles, quelques fautes contre les règles de la grammaire française.

Charles Nodier raillait finement ses collègues de l'Académie française sur leur ignorance des règles de la grammaire, et il montrait une collection d'autographes d'une inestimable valeur. Elle se composait de trente-neuf lettres de ses trente-neuf confrères. Il n'avait admis dans la collection que celles où se trouvaient *au moins quatre fautes d'orthographe.* « *Et je n'ai pas eu grand'peine à les choisir*, » ajoutait-il malicieusement.

Saint Grégoire de Nazianze, écrivant à Nicolude son parent, résume en quelques mots les qualités du style épistolaire : « *La plus belle lettre, à mon avis, est celle qui tire toute sa parure de la manière simple, aisée, naturelle, dont elle est écrite.* »

Parler à chacun de ce qu'il connaît et de ce qu'il aime est une attention délicate, dont les personnes très polies connaissent seules le secret.

Vous bannirez de vos lettres ces formules banales et autres semblables : « *Je vous écris pour vous dire que...*

Je prends la plume pour répondre à votre lettre...

Je mets la main à la plume pour vous donner de mes nouvelles et pour avoir des vôtres...

Je vous dirai que je me porte bien et que je désire que la présente vous trouve de même...

Je fais réponse à votre lettre qui m'a fait bien de la peine en apprenant que vous étiez toujours malade... »

A la fin des lettres, ne mettez jamais :

« *Je n'ai plus rien à vous marquer...*

Je ne vois plus rien à vous dire...

C'est de la part de votre fille ou de votre sœur... »

Est-il permis, dans les lettres, de charger la personne à qui l'on écrit de commissions ou de compliments à transmettre ? La politesse défend de charger les Supérieurs de semblables commissions vis-à-vis de leurs inférieurs, et les inférieurs vis à-vis de leurs Supérieurs, par exemple : un domestique vis-à-vis de son maître. Cependant, si vous priez un Supérieur d'offrir votre respect à son père, à sa mère, à son frère, à sa sœur, vous l'honorez lui-même.

Il est convenable d'offrir, même à ses Supérieurs, les civilités des personnes qui vous sont unies par les liens du sang et de l'amitié, quand elles ont l'honneur d'être connues d'eux. Ainsi vous direz très bien en terminant une lettre : « *Ma Mère, ma Sœur, etc., me chargent d'être auprès de vous l'interprète de leurs hommages respectueux, de leurs félicitations, de leurs souhaits de bonne année,* » ou, dans le cas d'une plus grande familiarité : « *Me chargent de vous offrir leurs amitiés. — Vous disent les choses les plus aimables,* » etc.

Est-il besoin d'ajouter qu'il serait

inconvenant de charger ceux à qui vous écrivez d'embrasser d'autres personnes à votre place ? Ces sortes de commissions se donnent, tout au plus, pour le père, la mère, les frères et les sœurs.

Que penser du *post-scriptum?* Ménagez-le le plus possible. Il est cependant permis de l'employer, excepté dans les deux cas suivants : 1° quand vous écrivez à des Supérieurs; 2° pour vous excuser d'avoir oublié certaines choses qu'il n'est pas permis d'oublier, par exemple : « *J'oubliais de vous remercier de votre présent, de vous féliciter, de vous dire toute la part que je prends à votre peine.* »

Quant à leur **objet**, les lettres sont dites : lettres d'*affaires*, lettres de *circonstances*, lettres *familières*.

Lettres d'affaires. — Ces lettres s'écrivent soit à des commerçants, soit à des hommes d'affaires, soit à d'autres personnes, pour achats, renseignements, demandes de services.

Elles doivent énoncer clairement ce qu'il faut et rien de plus ; désigner chaque chose méthodiquement, par des numéros, 1, 2, etc., si c'est utile, pour donner plus de netteté; appliquer, autant que possible, le nom et les termes reçus aux différents objets.

Toutefois, vous vous tiendrez en garde contre ces incorrections : *Par le 15 du courant*, au lieu de : *Le 15 de ce mois.* — *J'ai reçu votre honorée du 7 présent*, au lieu de : *J'ai reçu votre lettre du 7 juin*, et autres semblables.

Lorsque vous avez à parler de sujets étrangers aux affaires, il est préférable d'écrire sur une autre feuille.

Lettres de circonstances. — Dans la vie, certaines circonstances exigent une lettre.

1° Le commencement d'une nouvelle

année demande que nous exprimions nos vœux ou nos souhaits à nos Supérieurs, nos parents, nos bienfaiteurs, par une lettre ou par une carte, si nous ne le pouvons de vive voix.

Dans ce cas, ne vous oubliez pas jusqu'à copier des lettres trouvées dans les formulaires. Laissez parler votre cœur, expliquez-vous simplement et brièvement.

2° Très rarement, quelquefois cependant, la fête de certaines personnes impose la même obligation. Le conseil donné ci-dessus convient dans la circonstance.

3° Un service rendu, un cadeau veulent un *merci*, de vive voix ou par lettre. La nature du bienfait détermine le degré et l'expression de ce merci.

4° Il en est de même quand on vous adresse une invitation quelconque.

5° La mort d'un parent, d'un bienfaiteur, d'une personne, dont vous connaissez intimement la famille, réclame une lettre de condoléance où vibre le sentiment religieux. C'est la seule vraie consolation. Elle est toujours favorable ment accueillie.

6° Apprenez-vous qu'un grand malheur, une cruelle épreuve, un accident sérieux est survenu dans votre famille, à vos Supérieurs, à des personnes très connues de vous, un mot d'encouragement, ou de respectueuse sympathie est à propos.

7° S'il vous arrive à vous-même une grave épreuve, un événement heureux, il est poli d'en faire part à vos Supérieurs.

8° Il est poli également d'adresser, dans certaines circonstances, un mot de félicitation à un Supérieur, ou même à d'autres personnes. Alors, ayez beaucoup de tact et soyez brève.

9° Enfin toute lettre que vous recevez attend généralement une réponse. Cette réponse vous est dictée par la lettre reçue.

Lettres familières. — Ce sont celles qui s'écrivent entre parents et amis et sont motivées par le seul désir d'entretenir les rapports de mutuelle affection, ou de communiquer des faits plus ou moins intéressants.

La Règle de chaque religieuse et ses occupations lui indiqueront ce qui convient à ce sujet.

CHAPITRE II

CÉRÉMONIAL DES LETTRES

Le *papier* doit toujours être blanc, d'une épaisseur convenable. Les papiers de couleur, rose, bleu, etc., doivent être impitoyablement bannis. La feuille sera double et d'un format tel que, pliée en deux, elle puisse tenir dans une grande enveloppe, ou, pliée en quatre, dans une petite enveloppe.

A un grand personnage, vous écrivez sur une feuille de papier ministre, le double du papier ordinaire.

Il est permis de se servir de papier quadrillé, mais non de régler sa feuille comme le cahier d'un écolier. Si vous craignez d'écrire de travers, servez-vous d'un transparent.

Est-il nécessaire d'avertir une religieuse, dont la propreté doit être une des qualités, qu'elle ne doit souffrir ni taches d'encre, ni la marque de ses doigts sur une lettre ? Si un accident arrive, mieux vaut recommencer.

Elle ne se permettra non plus ni ratures, ni surcharges. Elle n'écrira ni dans les marges, ni sur les espaces laissés en blanc, ni en travers des pages déjà écrites, ce que font, bien indûment, des personnes de bonne éducation.

L'*encre* vraiment noire, et non d'un noir pâle, est seule autorisée. Les encres bleues et rouges sont de mauvais ton.

Les *enveloppes* doivent être blanches extérieurement et du format ordinaire, petit ou grand. Une religieuse ne se servira pas de ces enveloppes originales de différentes couleurs, trop souvent employées par les personnes du monde.

Les communautés ont généralement du papier qui porte en haut, à gauche, un titre, appelé *en-tête.* Cet usage est permis et doit être conservé.

Il en est autrement des abréviations *J. M. J. — A. M. D. G.*, etc. Elles sont interdites dans toute lettre officielle et permises seulement entre sœurs ou d'égale à égale.

Que votre *écriture* soit toujours très lisible. N'y oubliez ni la ponctuation ni les accents.

Il est impoli d'écrire une lettre au crayon.

La *date* se place en haut dans les lettres d'affaires. Pour les autres, elle se met plus communément à la fin de la lettre à gauche, un peu plus bas que la signature.

On appelle *vedette*, dans une lettre, la place du titre de la personne à qui l'on écrit. Ce titre se place un peu vers la droite, à une certaine distance du haut de la page et en dessus de la première ligne du corps de la lettre. L'espace laissé en blanc est proportionné au respect que vous voulez témoigner à la personne à qui vous écrivez; par exemple :

Monsieur,

Votre lettre du, etc...

Si la personne à qui vous vous adressez a un titre, vous l'énoncerez en vedette. A un évêque, vous direz : *Monseigneur;* à une comtesse : *Madame la Comtesse;* à une Supérieure de communauté : *Madame la Supérieure*, ou *Ma Révérende Mère;* à un Supérieur de communauté : *Monsieur le Supérieur*, ou *Mon Révérend Père;* à un abbé mitré : *Mon Révérendissime Père; — Monsieur le Député; Monsieur le Préfet; Monsieur le Chanoine; Monsieur le Curé; Monsieur le Maire; Monsieur l'Abbé*, etc., etc.

Il est contraire à l'usage de rappeler certaines professions; vous ne direz pas : *Monsieur le Notaire, Monsieur l'Avoué, Monsieur l'Huissier.*

A une religieuse dites : *Ma chère Sœur;*

à un religieux non prêtre : *Mon cher Frère;* à une amie : *Ma bonne*, *Ma chère*, ou avec le prénom : *Ma bonne Gabrielle*, *Ma chère Louise*, ou *Chère Madame*, etc.

Si vous écrivez à des personnes non habituées à s'entendre donner le titre de : *Monsieur*, *Madame*, vous pouvez mettre : *Mon cher Paul*, *Ma chère Marie.*

Il ne convient pas, lorsque vous avez mis en vedette : *Monsieur*, *Madame*, de commencer la première ligne par la répétition du mot; exemple :

Monsieur,

Monsieur votre père m'a informé, etc.

Autant que possible, ne commencez votre lettre ni par *je*, ni par *moi* et répétez le moins possible ces mots dans le corps de la lettre. Ils sentent trop la prétention.

Il est poli, si vous vous servez du mot *vous*, d'y joindre la qualification donnée dans la vedette : *Je vous prie, mon Révérend Père*, etc.

Lorsque vous avez plusieurs sujets à traiter dans la même lettre, il est utile de marquer les changements par des alinéas.

Tous les mots d'une lettre doivent être écrits en entier : *Monsieur Pierre*, et non *M. Pierre.*

Les *dates* et les *sommes d'argent* peuvent se mettre en chiffres, le reste doit être écrit en toutes lettres.

Ne laissez pas le *verso* de votre feuille en blanc ; écrivez des deux côtés.

La conclusion se nomme *souscription.* Rien peut-être, dans la rédaction d'une lettre, ne demande plus de tact et de délicatesse. Il faut une grande attention pour n'y dire ni trop ni trop peu, mais savoir se tenir dans la limite des convenances et du bon goût. C'est ici surtout que se révèlent la finesse de l'esprit et la bonté du cœur.

Les *formules terminatives* sont de

trois sortes; elles concernent : 1° les Supérieurs; 2° les Égaux; 3° les Inférieurs.

Pour les personnes d'un rang élevé, il faut employer les formules rigoureusement exigées par l'étiquette :

Daignez agréer l'hommage des sentiments respectueux avec lesquels j'ai l'honneur d'être,

Monsieur le Président,

Votre très humble et très obéissante servante.

Pour les autres Supérieurs, vous pouvez varier davantage la manière d'exprimer ce que vous éprouvez pour eux.

On leur en offre l'*assurance*, l'*expression*, l'*hommage*.

De ces trois formules, la dernière est la plus respectueuse. Elle s'emploie à l'égard de personnes à qui on veut témoigner une grande déférence.

Le mot *assurance* l'est beaucoup

moins. Il semble mieux convenir sous la plume d'un Supérieur écrivant à son inférieur, que sous celle de ce dernier quand il s'adresse à un Supérieur.

Le mot *expression* tient le milieu entre les deux autres. On s'en sert de préférence quand, d'une part, il ne serait pas poli de prendre des airs de protection et que, d'autre part, il n'y a pas lieu de donner des témoignages d'infériorité et de dépendance.

Les sentiments exprimés dans la souscription d'une lettre peuvent être : le *respect*, l'*affection*, le *dévouement*, la *reconnaissance*.

Vous devez offrir votre respect à tous les Supérieurs sans exception et à tous les ecclésiastiques, quelle que soit leur dignité. Vous pouvez l'offrir également à des égaux qui sont des étrangers. La charité chrétienne et, de plus, votre caractère de religieuse doivent vous inspirer envers tous vos semblables le sentiment du respect.

Le *profond respect* doit être exprimé dans les lettres adressées à un évêque, à un ministre, aux Supérieurs généraux de la Congrégation. Vous offrez simplement votre *respect* aux personnes non énoncées ci-dessus.

Les conclusions, qui expriment l'*affection*, s'emploient entre parents, entre amis. On peut trouver à ce sentiment mille nuances et lui donner mille formes : le cœur inspirera la plume.

Elles peuvent être employées aussi de Supérieurs à inférieurs, lorsque la supériorité implique quelque chose de paternel ; elles conviennent quelquefois aux rapports d'un inférieur avec son Supérieur, mais alors il faut y joindre l'expression du respect à celle de l'affection.

De Supérieure à inférieure, les mots à employer sont : *affection*, *attachement*, *tendresse*, *amitié*. De plus, on peut y joindre quelques qualificatifs comme *vif*, *inaltérable*, etc.

D'inférieure à Supérieure, le mot amitié

ne serait pas convenable. Ceux d'attachement, d'affection sont de mise, pourvu qu'on y ajoute un témoignage de respect, par exemple : *affectueux respect*, *affection respectueuse*, *filial attachement*, etc.

Le mot *tendresse* suppose une grande intimité et ne doit pas sortir du cercle de la famille.

D'égal à égal, le mot propre est celui d'*amitié*.

Une femme et surtout une Religieuse ne doit jamais employer le mot *dévouée*, dans ses finales de lettres, si ce n'est une Supérieure à l'égard de ses Sœurs.

Les formules, où se trouve le mot *considération*, ne peuvent pas être employées par tout le monde. La considération n'a de valeur que de la part d'une personne réellement élevée en dignité. Cette formule n'a pas sa raison d'être sous la plume d'une Religieuse.

Dans les lettres d'*affaires*, vous pourrez mettre : *Recevez, Monsieur, mes res-*

pectueuses salutations, ou simplement : *mes salutations.*

En écrivant à un fournisseur, vous terminerez la lettre par :

Recevez, ou *agréez*, *Monsieur*, *l'assurance de mes sentiments religieux*.

A un domestique, suivant le genre de rapport que vous avez avec lui, vous pouvez mettre :

Recevez ou *agréez l'assurance de mes sentiments religieux* ou *de mes meilleurs sentiments.*

A une pauvre femme qui a réclamé des secours, vous pourriez terminer par :

Croyez à toute ma sympathie, ou : *Recevez l'assurance de mes meilleurs sentiments.*

A une amie : *Croyez, ma chère amie, à mes sentiments bien affectueux* ou *les plus affectueux.*

Je suis heureuse de vous renouveler l'assurance de ma bien sincère amitié ou *de ma bien vive amitié.*

Avec des inférieurs, soyez polie et tâchez d'être, autant que possible, pleine de délicatesse. Il y en a que vous pourrez assurer de votre dévouement, d'autres dont le cœur sera ouvert par une expression affectueuse, ou réjoui par un mot qui marque l'estime. C'est précisément parce que vous pouvez, avec des inférieurs, vous affranchir de certaines formules de respect, qu'il convient que vous usiez davantage de celles que la bonté et la charité inspirent.

Enfin la souscription se termine par des qualifications diverses.

Dans les lettres écrites à des Supérieurs, vous pouvez dire :

Votre fille très humble et très obéissante.

Dans les lettres intimes et familières, vous direz :

Votre fille respectueuse et affectionnée,

Votre très affectionnée en N.-S.

Votre sincère amie.

Mais surtout n'écrivez jamais :

Je suis pour la vie

Votre fille ou votre Sœur.

Celle qui écrit :

Votre fille bien-aimée,

fait un contresens, car ce ne sont pas les sentiments de ceux à qui vous écrivez que vous devez exprimer, mais les vôtres seulement.

Il est des cas où aucune des qualifications précédentes ne peut être prises. Vous n'en mettez alors aucune ; vous terminez votre lettre en disant simplement :

Recevez, Monsieur, l'assurance de mes meilleurs sentiments.

Pour terminer et résumer tout ce qui vient d'être dit, voici quelques modèles de souscriptions complètes :

A un Évêque :

Daignez agréer l'hommage du profond respect avec lequel j'ose me dire (ou *j'ai l'honneur d'être*),

Monseigneur,

de Votre Grandeur

la très humble et très obéissante servante.

Aux Supérieurs généraux :

Veuillez agréer les sentiments respectueux avec lesquels je suis, mon Révérend Père (ou *ma Révérende Mère*),

Votre enfant (ou *votre fille*) *très humble et très obéissante.*

Ou encore :

Veuillez agréer, mon Révérend Père (ou *ma Révérende Mère*), (ou *ma Mère*), *avec mon profond respect, l'assurance de ma sincère* (ou *bien vive*) *reconnaissance.*

A des Ecclésiastiques ou à une personne à qui vous voulez témoigner de la déférence :

Veuillez agréer, Monsieur le Chanoine, l'hommage (ou *l'expression*) *de mon profond respect* (ou *de mes sentiments respectueux*), (ou *de mon respect*).

(Signature.)

Il va sans dire que vous changez le titre, dans cette formule, suivant la personne à qui s'adresse votre lettre.

A des parents :

Je vous embrasse de tout mon cœur.
Votre fille respectueuse et affectionnée.

A une amie :

Recevez, chère amie, l'assurance de ma vive et sincère amitié en N.-S.,

Ou :

Croyez, ma chère amie, à mes sentiments les plus affectueux en N.-S.

A un homme d'affaires :

Recevez (ou *agréez*), *Monsieur*, *mes meilleures salutations* (ou *mes respectueuses salutations*).

A un fournisseur :

Recevez, (ou *agréez*), *Monsieur*, *l'assurance de mes sentiments religieux.*

Vous terminez par votre signature.

Prenez-vous-y de telle sorte que vous ne placiez jamais la souscription de votre lettre tout à fait en haut d'une page. Elle doit être précédée de plusieurs lignes du texte de la lettre.

Votre lettre terminée et l'encre bien séchée, pour ne pas tacher, vous pliez votre lettre en deux ou en quatre, selon l'enveloppe, mais il n'est pas permis de faire des plis irréguliers. Vous cachetez ensuite en mouillant la gomme de l'enveloppe; vous pouvez y ajouter un *cachet de cire*. Dans les lettres officielles, la cire rouge est la seule autorisée.

Le *timbre-poste* se place généralement au coin de l'enveloppe, en haut, du côté droit, et jamais au verso de l'enveloppe.

L'*adresse* mérite une attention particulière. Il est indispensable qu'elle contienne tous les éléments voulus, pour permettre à la lettre d'arriver à destination :

1° Le *titre*, le *nom* et la *profession*. Toutefois, quand il s'agit d'un grand personnage, la dignité seule suffit. Il serait impoli d'y ajouter le nom. Exemple : *Monseigneur l'Évêque de Sées*, et non : *Monseigneur Bardel, évêque de Sées*.

Le titre et le nom forment la première ligne; la profession, la seconde.

Il va de soi que vous ne comprendrez pas deux personnes sous le même titre, quand ce titre ne convient qu'à l'une. Exemple :

Monsieur P...

Notaire

et Madame P...

et non :

Monsieur et Madame P...

Notaire.

2° La *rue* et le *numéro*, ou le *château*, ou le *village* et la *commune*.

3° La *ville*, ou le *bureau de poste* qui dessert la localité du destinataire.

4° Le *département*, sauf pour Paris, dont vous indiquez seulement l'arrondissement. Il est d'usage de placer le nom du département en bas de l'enveloppe, à gauche, et le nom de l'arrondissement après *Paris*, ex. : *Paris* (6e *A.*).

N'oubliez pas que tous les mots doivent être, en général, écrits en entier.

Si vous adressez à un chef d'administration une lettre qui ne doit être lue que par lui, mettez au haut de l'adresse : *Personnelle*. Quand la lettre doit être prise par le destinataire lui-même à un bureau de poste convenu, indiquez ce bureau en ajoutant les mots : *Poste restante*.

Les mots *urgente* ou *pressée* soulignés

se placent aussi quelquefois sur une enveloppe. Le service de la poste n'en va pas plus vite, mais les intermédiaires tels que le facteur et le concierge sont responsables des retards qu'une lettre, ainsi recommandée, pourrait éprouver par leur faute.

Les lettres écrites à une personne qui habite la ville où l'on demeure soi-même, ne reçoivent que ces mots : *En ville*, dont on ne conserve souvent que les initiales : *E. V.*

Quand la lettre est destinée à un pays étranger, vous le mentionnez en haut de l'enveloppe, à gauche, en gros caractères : *Angleterre.*

C'est aussi en haut que vous mettez : *Lettre chargée*, ou *Valeur déclarée*, ou *Échantillons sans valeur.*

Quelques modèles d'adresses ne seront pas inutiles :

A Son Excellence
Monsieur le ministre de l'Intérieur,
Paris

A Sa Grandeur
Monseigneur l'Évêque de Sées,
en son palais épiscopal,
Sées
(Orne)

Madame la Supérieure Générale
de la Miséricorde,
Sées
(Orne)

Monsieur le Docteur Arnault,
rue de Picpus, 4
Paris

Monsieur le chanoine D...,
rue du Lycée
Laval
(Mayenne)

Madame la comtesse de C...,
château de...,
par Sées
(Orne)

Monsieur X...,
négociant,
à Aunou-le-Faucon,
par Argentan
(Orne)

Sœur Célestine
religieuse de la Miséricorde,
chez Monsieur Lefrançois,
à Mauville
en Saint-Loyer-des-Champs,
par Almenêches
(Orne)

Monsieur le Curé
de Saint-Hilaire-sur-Erre,
par Berdhuis
(Orne)

Monsieur l'abbé X...,
curé de Saint-Hilaire-sur-Erre
par Berdhuis
(Orne)

Monsieur l'abbé A...,
vicaire à X....
par Orléans
(Loiret)

Au Révérend Père N...,
au Monastère de la Grande-Trappe,
par Soligny-la-Trappe
(Orne)

Le mode le plus commun de transmettre ses lettres est la poste. Vous aurez soin que l'*affranchissement* soit suffisant, afin d'éviter la surtaxe au destinataire. Quand vous n'êtes pas en correspondance habituelle avec une personne, insérez un timbre-poste dans votre lettre, si vous désirez une réponse.

Lorsque vous confiez votre lettre à une personne complaisante qui se charge de la remettre, il est impoli de la cacheter, mais la politesse oblige celle qui la reçoit à le faire.

APPENDICE

Nous plaçons sous ce titre ce qui, ne trouvant pas facilement place dans le corps de l'ouvrage, peut cependant être utile à une religieuse.

I. — Repas servis a la Communauté

Il peut arriver que des Sœurs aient un repas à servir à la communauté, dans certaines circonstances (lors d'une cérémonie de vêture, de profession religieuse, etc., etc.). Alors tout y doit être convenable et simple. Le luxe y serait tout à fait déplacé.

Le bœuf bouilli, les langues, le boudin, les saucisses, les tripes ne se servent pas habituellement dans un dîner de cérémonie, mais se tolèrent dans un dîner ordinaire.

Le potage, deux entrées [1], trois au plus, un rôti, un plat de légumes, des crèmes avec un gâteau sec, un dessert composé de fruits crus ou cuits, quelques assiettes de biscuits ou pâtisseries, le tout terminé par le café, pris habituellement dans la salle même, constituent un vrai repas de gala pour des étrangers admis dans une communauté.

Le poisson, dans les dîners gras, se donne au commencement du repas.

Le mets à la sauce blanche se présente généralement le premier. Il faut, autant que possible, entremêler les viandes blanches et les viandes rouges.

Les crèmes se présentent avant le dessert. Il est d'usage d'offrir le vin blanc après le potage, le vin de Bordeaux au rôti, les vins doux au dessert.

1. Les *entrées* sont des mets composés de viande, gibier, volaille, poisson, presque tous avec sauce, que l'on sert avant le rôti.

Le couvert doit être dressé avec soin, le dessert rangé avec symétrie et produire un bon effet.

Les assiettes se changent après chaque plat et les fourchettes seulement après le poisson.

Si un convive a laissé sa fourchette quand vous lui avez enlevé son assiette, vous lui en présentez une autre sur une assiette.

Les carafes seront en nombre suffisant pour que les convives ne soient pas embarrassés quand ils en auront besoin. Vous veillez à les remplir lorsqu'elles sont vides et à pourvoir à ce qu'il ne manque rien aux convives.

Après avoir versé le vin, vous tournez un peu la bouteille en la relevant, afin de ne pas laisser tomber quelques gouttes sur la nappe.

Avant le repas, vous disposez de façon à les avoir sous la main, quand besoin sera, assiettes, etc., etc.

Si vous avez à placer les convives,

vous mettez dans le grand verre, avant le repas, le billet où est inscrit le nom du convive. Dans ce placement, vous observerez avec soin la dignité de chacun et les convenances.

II. — Chambre a préparer pour recevoir une personne étrangère

Dans cette chambre doivent régner l'ordre et la propreté. Le luxe en sera banni, le nécessaire et l'utile s'y rencontreront. En hiver, vous allumerez le feu quelques heures avant la prise de possession. Le coffre à bois sera approvisionné suffisamment. Outre les meubles ordinaires : lit et descente de lit, table de nuit garnie comme il convient, quelques chaises ou fauteuils, un prie-Dieu, vous disposerez sur un meuble le verre d'eau, c'est-à-dire une carafe remplie d'eau potable, un verre, un sucrier, une petite cuiller, un petit flacon d'essence de menthe ou d'eau de fleurs d'oranger, etc. Sur la table vous placerez tout ce qu'il faut pour écrire : papier à lettres et enveloppes, timbres, crayon, porte-plume, plumes, encrier avec de l'encre, etc.; vous n'oublierez pas le bougeoir, la veilleuse et les allumettes, les pantoufles. Sur la cheminée, des flambeaux avec leurs bougies. Vous garnirez le bénitier d'eau bénite.

Dans le cabinet de toilette, ou s'il n'y en a pas, dans un coin de la chambre, vous disposerez une table avec une glace, une cuvette et un pot à eau rempli d'eau, un savon, une brosse, deux serviettes de toilette. Il serait bon aussi de placer un seau hygiénique.

Vous vous assurerez qu'aucun de ces objets ne manque avant d'introduire la personne qui doit occuper la chambre. Dès qu'elle arrive, mettez-la parfaitement à l'aise et témoignez-lui tous les égards possibles.

Indiquez-lui sa chambre et tout ce qui

peut lui être utile, sans oublier les endroits les plus secrets.

Avant de la quitter, demandez-lui si rien ne manque à son nécessaire, et, au besoin, faites suppléer.

En un mot, votre cordiale simplicité, unie à la prévoyance et aux attentions délicates, conservera la juste réputation de la bonne hospitalité des communautés religieuses.

TABLE DES MATIÈRES

DEUXIÈME PARTIE

EXIGENCES DE LA POLITESSE EN DEHORS DE LA COMMUNAUTÉ

TROISIÈME PARTIE

DU LANGAGE

QUATRIÈME PARTIE

DE LA CORRESPONDANCE ÉPISTOLAIRE

APPENDICE

PARIS. — IMPRIMERIE F. LEVÉ, RUE CASSETTE, 17.

A LA MÊME LIBRAIRIE

PARIS. — LEVÉ, IMP. DE L'ARCHEVÊCHÉ, RUE CASSETTE, 17.

www.ingramcontent.com/pod-product-compliance
Ingram Content Group UK Ltd.
Pitfield, Milton Keynes, MK11 3LW, UK
UKHW020453200726
13857UKWH00002B/692

9 782012 781351